Heiner Boehncke

Kreatives Schreiben
für die 3. und 4. Klasse

[Eins plus]

Herausgegeben von
Bettina Mähler und Michael Meyer

Bettina Mähler, Journalistin, Buchautorin, ist Erziehungs-
beraterin an der *Elternakademie am Burckhardthaus
Gelnhausen e.V.* sowie Institutsleiterin des *Zentrums für
Mathematik und Literatur Gelnhausen*.

Michael Meyer ist Geschäftsführer des Trägervereins *Zentrum
für Mathematik e.V.* in Bensheim und dort Leiter des Fach-
seminars Mathematik am *Studienseminar für Gymnasien*.

[Eins plus]

Begabungen fördern
im Deutschunterricht

Heiner Boehncke

Kreatives Schreiben
für die 3. und 4. Klasse

SCRIPTOR

 http://www.cornelsen.de

Bibliografische Information
Die Deutsche Bibliothek verzeichnet diese Publikation in der Deutschen
Nationalbibliografie; detaillierte bibliografische Daten sind im Internet
über http://dnb.ddb.de abrufbar.

Dieses Werk berücksichtigt die Regeln der reformierten Rechtschreibung
und Zeichensetzung.

5.	4.	3.	2.	1.	Die letzten Ziffern bezeichnen
08	07	06	05	04	Zahl und Jahr der Auflage.

© 2004 Cornelsen Verlag Scriptor GmbH & Co. KG, Berlin
Das Werk und seine Teile sind urheberrechtlich geschützt. Jede Verwertung in ande-
ren als den gesetzlich zugelassenen Fällen bedarf deshalb der vorherigen schriftlichen
Einwilligung des Verlags.
Hinweis zu § 52 a UrhG: Weder das Werk noch seine Teile dürfen ohne eine solche Ein-
willigung eingescannt und in ein Netzwerk eingestellt werden. Dies gilt auch für Intra-
nets von Schulen und sonstigen Bildungseinrichtungen.
Redaktion: Daniela Brunner, Düsseldorf
Herstellung: Brigitte Bredow, Berlin
Reihengestaltung und Layout: FROMM MediaDesign GmbH, Selters/Ts.
Illustrationen: Amelie Glienke, Berlin
Umschlagentwurf: Magdalene Krumbeck, Wuppertal
Druck und Bindearbeiten: Clausen & Bosse, Leck
Printed in Germany
ISBN 3-589-22032-5
Bestellnummer 220325

 Gedruckt auf säurefreiem Papier,
umweltschonend hergestellt aus chlorfrei gebleichten Faserstoffen.

Inhaltsverzeichnis

Vorwort

„Ich weiß ja, dass Tanja und Oliver sich im Unterricht langweilen", meint die Klassenlehrerin zu ihrer Kollegin. „Aber was soll ich mit ihnen machen?"

Begabung und Hochbegabung sind keine Tabuthemen mehr. Glücklicherweise. Allerorten gibt es in diesem Bereich Neuerungen. Seit 1997 erlassen die Bundesländer auf Empfehlung der Kultusministerkonferenz Gesetze und Verordnungen zur Förderung von begabten und hochbegabten Schülerinnen und Schülern. Gleichzeitig wurden Fortbildungsreihen für Lehrerinnen und Lehrer ins Leben gerufen und das Thema Hochbegabung in den Ausbildungsplänen einiger Studienseminare und Hochschulen berücksichtigt.

Parallel dazu entstanden private Beratungsstellen, Initiativen und Institutionen zur Förderung dieser Kinder und Jugendlichen. Eine davon ist das „Zentrum für Mathematik e.V. in Bensheim". 1998 gegründet, hat der Verein heute über 100 Mitglieder, die sich die außerschulische Förderung befähigter Kinder und Jugendlicher in Mathematik und Naturwissenschaften zur Aufgabe gemacht haben. Seit 2002 werden im Zentrum begabte Schülerinnen und Schüler auch sprachlich gefördert. Die meisten dieser Förderkurse werden jährlich in drei Staffeln mit je fünf Terminen innerhalb eines Zeitraums von zwei bis vier Stunden durchgeführt, und zwar in Instituten, die es zurzeit in Bensheim, Fulda, Wetzlar, Heilbronn und Gelnhausen gibt. Hier treffen sich diejenigen Kinder und Jugendlichen, denen das Angebot an den Schulen nicht genügt.

Die Erfahrungen, die in den Bereichen des Trägervereins gesammelt wurden, können auch dem Unterricht an staatlichen Schulen zugute kommen. Denn nicht selten steht eine Lehrerin oder ein Lehrer vor einer Klasse, wohl wissend, dass darin ein, zwei oder drei besonders begabte Schülerinnen oder Schüler sitzen. Und diese sind nach fünf Minuten mit den Aufgaben fertig, für die die anderen die ganze Schulstunde brauchen. Oder sie langweilen sich, weil die Lehrerin oder der Lehrer ihnen – um die anderen nicht zu überfordern – nicht genug Anspruchsvolles bieten kann. Da mag es durchaus passieren, dass diese unterforderten Mädchen und Jungen anfangen zu träumen – oder zu stören.

Für diese Situation ist die Buchreihe „Eins plus" konzipiert. Sie gibt die langjährigen Erfahrungen aus Projekten des Trägervereins „Zentrum für Mathematik e. V." weiter. Sie zeigt, mit welchen Aufgaben besonders begabte und interessierte Schülerinnen und Schüler gefesselt werden können:

- Dann, wenn sie wieder einmal als Erste ihr Aufgabenblatt abgeben.
- Oder, wenn sie als „Bonbon" eine besonders anspruchsvolle Aufgabe bekommen sollen.
- Oder, weil sie eine Extra-Hausaufgabe wünschen (und vielleicht von der regulären befreit werden).
- Oder, weil die ganze Klasse einmal etwas anderes machen will, als im Lehrplan steht.

Wir wünschen Ihnen viel Vergnügen.

Die Herausgeber

BETTINA MÄHLER und MICHAEL MEYER

Einleitung

Die Schreibvorschläge und Aufgaben in diesem Buch haben einen Vorteil: Sie haben sich in der Praxis bewährt. Manche verdanken sich der tätigen Fantasie, der Schreibarbeit und dem Schreibspiel der Schülerinnen und Schüler, die an den Schreibwerkstätten des „Zentrums für Mathematik und Literatur Gelnhausen" teilgenommen haben. Sie haben die Aufgaben schreibend, fragend, diskutierend gelöst, und sie haben sie in den vielfältigen Formen ihrer Kritik weiterentwickelt. – Dafür danke ich ihnen.

Und sie haben in diesem Buch ihre Spuren hinterlassen. Schreibaufgaben und Schreibvorschläge kann man nicht ohne Kommentare und Beispiele einfach auflisten. Das wäre der Fülle von Aspekten des Schreibens von Schülerinnen und Schülern in der 3. und 4. Klasse nicht angemessen. Deshalb sind die Aufgaben in diesem Buch eingebettet in kurze Überlegungen zur Schreibpraxis in dieser Altersstufe; deshalb finden sich immer wieder Texte, die als Beispiele der Aufgaben demonstrieren sollen, dass und wie sie „funktionieren". Manche Texte sind den Schreiberinnen und Schreibern namentlich zugeordnet, andere nicht, schon deshalb nicht, weil die Verfasserinnen und Verfasser vergessen haben, ihren Namen unter den Text zu schreiben.

Außerdem wurden auch Texte ausgewählt, die nicht in der Gelnhäuser Schreibwerkstatt, sondern in anderen Kursen und Werkstätten entstanden sind.

Viele Aufgaben sind schwierig, scheinen für acht- bis zehnjährige Schülerinnen und Schüler nicht geeignet zu sein. Sie sind es aber! Vorausgesetzt, dass ein stark ausgeprägtes Interesse am Schreiben vorhanden ist, dass überdurchschnittlich viel geschrieben wird, und, dass die Mühen des Erstschreibunterrichts weitgehend überwunden sind.

Die Aufgaben sind so formuliert, dass sie auch von einzelnen Schülerinnen und Schülern parallel zum Unterricht oder zu Hause „bewältigt" werden können. Allerdings halte ich es auch für möglich, viele der Ideen im Klassenverband umzusetzen. Das sollten die Lehrerinnen und Lehrer, die mit diesem Buch arbeiten, von Fall zu Fall selbst entscheiden.

HEINER BOEHNCKE

1. Mit allen Sinnen schreiben

Wasser ist blau, ein Motor brummt, die Blumen in der Vase duften – ja, wie duften sie denn?

Süß oder wie das Parfüm von Tante Elli, oder sie duften gar nicht, sondern stinken fürchterlich, weil sie schon wochenlang in demselben Wasser stehen.

Immer, wenn jemand etwas sieht, hört, ertastet, riecht oder schmeckt, sollte die Sinneswahrnehmung nicht hinter blassen, unsinnlichen Adjektiven oder Vergleichen verschwinden.

An solchen Stellen empfiehlt sich eine kurze Pause, die man nutzt, um im Sinnesgedächtnis zu kramen. Dabei finden sich Bilder und Vergleiche, die ruhig ein bisschen außergewöhnlich sein dürfen.

- Wie fühlt sich Schmirgelpapier an?
- Wie klingt ein Staubsauger, ein Computer, ein Handy, eine Autobahn? Wie klingen Stöckelschuhe, Flugzeuge, Eisenbahnen?

Geräuschübungen

▶ Welche Geräusche kennst du?
▶ Welche Geräusche hörst du im Augenblick? Schließe deine Augen und konzentriere dich auf die Geräusche in der Nähe, in der weiteren Umgebung.

Aufgabe

Schreibe ein Geräuschprotokoll deines Schulwegs.

Sehübung

▶ Welche Farbe hat der Fluss in deiner Stadt? An allen Stellen dieselbe?
▶ Welche Farbtöne von Grün kannst du unterscheiden?

Wenn man mit einem Schreibblock durch den Park geht, kann man die Grüntöne notieren. Vielleicht kommt man zuerst auf „Hellgrün", „Dunkelgrün" oder „Mittelgrün". Im Malergeschäft besorgt man sich eine Farbkarte und prägt sich ein paar Grüntöne ein.

 **Tastübung**

Mit verbundenen Augen oder unter dem Tisch werden Gegenstände herumgereicht, die ertastet werden sollen. Dabei sollten ein paar raffiniert ausgewählte Dinge sein, die die Kinder nicht kennen. Es kommt dann darauf an, sie möglichst genau zu beschreiben.

Geeignete rätselhafte Gegenstände sind zum Beispiel:

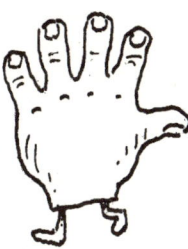

- Seifenigel
- Fingerhut
- Messerbänkchen
- Süßstofftabletten
- Gitarrensaiten
- Kreuzschlitzschrauben
- Briefmarken
- Teeei
- Plastikfigürchen

Zu einzelnen Dingen, die es im Alltagsleben nicht mehr gibt (Ist der Seifenigel ausgestorben? Wer benutzt schon ein Messerbänkchen?), können die Kinder Geschichten schreiben.

Es kommt übrigens immer Spaß auf, wenn falsch ertastet wurde. Spannend ist auch, an welchen Merkmalen die Gegenstände erkannt wurden.

- Wie heißen diese Dinger beim Seifendingsda? – Noppen heißen die Stachel beim Seifenigel.

Neue Wörter lernt man am besten, wenn man sie braucht.

- Wie komisch schreibt sich Teeei. Gibt es noch mehr von diesen Selbstlauthaufen?

2. Synonyme finden

Bei dieser Gelegenheit kann man darauf hinweisen, dass es für das Schreiben abgesehen von den Schulbüchern noch andere nützliche Hilfsmittel gibt. Wer gern und viel schreibt, wird den Wert von brauchbarem Handwerkszeug früh schätzen. Es ist gar nicht so wichtig, jetzt schon ein Synonymwörterbuch zu benutzen. Die Kinder sollten aber wissen, dass es so etwas gibt, und dass auch so berühmte Leute wie C. K. ROWLING bei ihrem Harry Potter wahrscheinlich damit arbeiten. Auch allerkleinste Schritte in Richtung einer „Professionalisierung" des Schreibens erhöhen die Motivation. Für die Klassenbibliothek oder besonders interessierte Kinder eignet sich „Duden, der passende Ausdruck. Ein Synonymwörterbuch für die Wortwahl" (1990).

Schreiben und besser schreiben lernt man auch dadurch, dass die eigenen Texte von anderen gern gelesen werden. Wann immer möglich, sollten die schreibenden Kinder ihre Texte im Unterricht vorlesen.

Aufgabe

Finde Synonyme (das bedeutet andere, ähnliche Wörter für ein Wort).
Fahre mit dem Einkaufswagen im Schreibladen durch die Wörterregale und packe andere und ähnliche Wörter ein für:

▶ schön
▶ gut
▶ schlecht
▶ kalt
▶ arbeiten
▶ fahren
▶ laufen
▶ essen
▶ Schule
▶ Gut
▶ Zimmer
▶ Fernseher

Bilde dann mit den eingepackten Wörtern Sätze oder erzähle ganz kurze Geschichten.

An den anderen Wörtern für „essen" zum Beispiel können kleine Szenen hängen, die die Kinder ein bisschen ausschmücken.

- Wer mampft? Wer schlingt? Wer futtert?
- Was ist ein „Gut"? Kann jemand erklären, ob das Wort etwas mit „gut" zu tun hat?

Eine weitere gute Wortfindungsübung besteht darin, einen Text vorzubereiten, in dem einzelne Nomen unterstrichen werden. Für diese Wörter sollen die Kinder Synonyme suchen.

Aufgabe

Finde für die unterstrichenen Nomen in dem Text Synonyme (das bedeutet andere, ähnliche Wörter).

Und dann kam der Morgen. Und jetzt wollte sie zu Birk. Schnell wollte sie zu ihm. Sie musste die kurze Zeit abpassen, wo sie allein in der Steinhalle war und die andern ihren morgendlichen Pflichten nachgingen. Jeden Augenblick konnte Glatzen-Per auftauchen und um seine Fragen wollte sie sich herumdrücken. Essen kann ich ebenso gut unter der Erde, dachte sie. Hier hat man ja doch keine Ruhe. Geschwind stopfte sie Brot in ihren Lederbeutel und goss Ziegenmilch in ihre hölzerne Flasche. Und ohne dass jemand sie sah, verschwand sie nach unten in die Gewölbe. Kurz darauf stand sie vor dem Geröllhaufen.

„Birk", rief sie voll Angst, er könne nicht da sein. Niemand antwortete ihr hinter dem Steinhaufen und ihre Enttäuschung war so groß, dass sie fast geweint hätte. Wenn er nun nicht kam! Vielleicht hatte er es vergessen oder schlimmer noch, vielleicht hatte er es sich anders überlegt. Schließlich war sie ja ein Mattisräuber und er ein Borkafeind. Wenn sie es recht bedachte, wollte er mit so einer nichts zu tun haben.

Astrid Lindgren: Ronja Räubertochter

3. Begriffe finden

 Aufgabe

Finde die passenden Begriffe.

- ▶ Eine Tasse ist ein Gefäß.
- ▶ Ein Apfel ist Obst.
- ▶ Ein Tisch ist ...
- ▶ Eine Uhr ist ...
- ▶ Eine Katze ist ...
- ▶ Ein Teddybär ist ...
- ▶ Ein Buch ist ...
- ▶ Ein Mensch ist ...
- ▶ Ein Kugelschreiber ist ...
- ▶ Ein Auto ist ...
- ▶ Rot ist ...
- ▶ Laura ist ...
- ▶ Eine Zeitung ist ...
- ▶ Die Erde ist ...
- ▶ Herr Schwarz isst ... (Kleine Fehler machen Spaß!)
- ▶ Düsseldorf ist ...
- ▶ Ostereier suchen ist ...

 Aufgabe

Rund um die Tasche
Suche Wörter, in denen das Wort „Tasche" steckt.

Folgende fanden wir:

Taschendieb
Taschenlampe
Handtasche
Taschenkrebs
Manteltasche
Hosentasche
Täschner (Was ist ein Täschner?)

Taschengeld
Versandtasche
Taschentuch
Taschenbuch
Teigtasche
Apfeltasche
Strandtasche
Maultasche
Einkaufstasche
Natascha ... wurde als fragwürdig angesehen.

Aufgaben

▶ Wörter suchen, in denen „Brot" steckt:
Schulbrot, Brotkasten ...

▶ Wörter mit „Auto":
automatisch, Autowerkstatt ...

▶ Wörter mit „Art":
artig, unartig, Wesensart ...

▶ Wörter mit „Buch":
Taschenbuch, buchen ...

Folgende Fragen und Antworten können sich aus diesen Übungen ergeben:

● Worin besteht der Unterschied zwischen „Taschendieb", „Teigtasche"
und „Taschenbuch"? – Die Teigtasche sieht aus wie eine Tasche, sie ist
in der Mitte hohl, man kann etwas hineintun. Das Taschenbuch kann
man in die Tasche stecken.
● Der Taschendieb klaut wen oder was? – Ein Objekt.
● Woher könnte „auto" kommen? – Aus dem Griechischen, es bedeutet
„selbst". Ein Automobil ist ein „Selbstbeweger".

4. Wörter aus anderen Sprachen

Manche Wörter kommen aus anderen Ländern, aus anderen Sprachen.

Aufgabe

Nenne einige Wörter, die aus anderen Sprachen kommen. Manche kennst du vielleicht aus den Ferien. Beispielwörter sind z. B.:

▶ Sangria
▶ Apotheke
▶ Computer
▶ Mathematik
▶ Döner
▶ Pizza
▶ Banane
▶ Schokolade

In den Wörterdiskussionen mischen sich Geschichten, Fragen, Vermutungen, Aufzählungen, Ansätze der Theoriebildung bei den Kindern mit den Erklärungen der Lehrerin, des Lehrers. Sie sind ein unverzichtbarer Bestandteil der Schreibarbeit. Dazu gehört auch der Wechsel zwischen schreiben, reden, spielen, fragen, Erfahrungen austauschen.

5. Reime finden, Gedichte schreiben

 **Aufgabe**

Was reimt sich auf:

- ▶ fragen?
- ▶ machte?
- ▶ kaufen?
- ▶ los?
- ▶ Polizei?
- ▶ Klaus?
- ▶ her?
- ▶ Computer?
- ▶ Tisch?
- ▶ warten?
- ▶ denken?
- ▶ bezahlen?

Suche möglichst mehrere Reimwörter.

Die Kinder fanden:

sagen, klagen, Magen, lagen, ragen, schlagen
lachte, dachte, sachte, schlachte, krachte
laufen, saufen, schnaufen, Haufen, raufen
groß, schoss, das Los, der Boss, der Schoß
Ei, allerlei, vorbei, sei, Mai
raus, Maus, Laus, Braus, aus
sehr, schwer, leer, fair
Bruder, Futter, Ruder
Fisch, wisch, misch
Garten, starten, Karten
schenken, lenken, renken, senken
alle, mahle, Schale, Falle

Kurze und lange Vokale werden manchmal nicht unterschieden, dennoch wurde trotz vieler Fehler annähernd herausgefunden, was ein Reim ist. Zu einem Reimgebilde war der Weg dann nicht mehr weit.

Hier folgt das „Gedicht":

> Du kannst mich alles fragen
> Ich will dir gar nichts sagen
> Und weil er nur noch lachte
> Und weil er nämlich dachte
> Er könnte einen saufen
> Begann ich fortzulaufen
> Ich kam an ein ganz großes Schloss
> Und fragte: „Wer ist hier der Boss?"
> Weil, ich bin von der Polizei
> Und kam grad vorbei
> Da kam eine Maus
> Jetzt ist alles aus
> Kommt zur Hilfe her
> Ich fürchte mich so sehr
> Da stand ein Computer
> Ich fragte: „Was tut der?"
> Der steht auf dem Tisch
> Herr Ober, ein Fisch
> Da müssen Sie warten
> Sie können im Garten
> Das Essen sich denken
> Das können wir schenken
> So tun das doch alle
> O. k., ich bezahle.

Leicht erkennt man, dass dieses „Gedicht" ein ziemliches Chaos darstellt. Es enthält aber doch einige spannende Stellen. Da, wo der Reim die Wörter hinter sich herzieht oder vor sich hertreibt, da entstehen Ansätze von Poesie. Auch ist stellenweise Rhythmus vorhanden. Jedenfalls entsteht bei der Arbeit eine Ahnung davon, wie schwer es ist, Gedichte zu schreiben. – Und wie reizvoll. Auch hat man gemerkt, dass es einen Unterschied zwischen Garten/warten und Maus/aus gibt. Später wird das eine Lehrerin, ein Lehrer einmal mit weiblichem und männlichem Reim bezeichnen.

In einer großen Sammlung wurden dann Kinderverse, Abzählreime und bekannte Zitate zusammengetragen.

Erst danach brachte ich H. M. ENZENSBERGERS Buch „Allerleirauh" (1995) mit. So entstand der Eindruck, dass der Herausgeber dasselbe gemacht hat wie wir: Er hat gesammelt, allerdings viel gründlicher und länger und mit großem Erfolg. Außerdem verdient er Geld damit.

Poetische Aufgaben

- Schreibe alle Abzählverse auf, die du kennst. So wie: „Eins, zwei drei, vier Eckstein, alles muss versteckt sein ..."

- Frage deine Freunde, Eltern und Bekannten, ob sie noch andere Abzählverse kennen.

- Kennst du Gedichte oder Sprüche für ganz kleine Kinder, wie: „Schlaf, Kindlein, schlaf ..."?

- Suche noch mehr von solchen Kindergedichten, für die du schon zu alt bist.

- Schreibe ein Gedicht oder so etwas Ähnliches, in dem folgende Wörter vorkommen:
  Wald, allein, Weg, dunkel, Haus, froh.

Bei der letzten Aufgabe soll sich nichts reimen, es soll aber keine lange Geschichte werden, sondern ein ganz kurzer Text.

Daraus wurde zum Beispiel:

> Ich ging im Wald umher und war ganz allein. Es wurde dunkel, ich verlor den Weg. Dann sah ich ein helles Haus und war froh.

Oder:

> Im Wald allein. Kein Weg. Nur dunkel. Dann ein Haus und ich war froh.

Und:

> Im Wald allein auf einem dunklen Weg. Froh, nicht zu Haus zu sein.

Es versteht sich, dass an den Texten gearbeitet wurde. Dass sie verändert und verbessert wurden, dass auch die Eltern beim Schreiben mit dem Computer geholfen haben. Und, dass auch der Werkstattleiter geholfen hat. Aber nie wurden die Texte der Kinder unkenntlich gemacht oder umgeschrieben.

Man muss beachten, ab wann die Schrift als geläufiges Mittel zur Verfügung steht. Erst, wenn die motorische Routine einigermaßen ausgebildet ist, werden die Kinder mit Vergnügen an die Schreibarbeit und das Schreibspiel gehen.

Es wäre vermessen, beim derzeitigen spannenden Stand der Theorien und Praktiken des Erstschreibunterrichts die Erfahrungen von Schreibwerkstätten zur Richtschnur des Schreibenlernens zu machen.

Man kann aber folgende Beobachtung mitteilen: Kaum können die Kinder schreiben, da sind sie auch schon fähig und bereit, die neu erworbene Kunst mit Schwung auszuüben und in viele Richtungen weiterzutreiben. Zwischendurch sei auch bemerkt, dass die Kinder in der Schreibwerkstatt ständig überfordert wurden. Sie haben aber auch gelernt, sofort Widerspruch einzulegen, wenn sie den Zumutungen nicht nachkommen wollten. Anders gesagt: Sie entscheiden jeweils rasch, ob es interessant ist, ob es möglich und vielleicht nützlich ist, das Neue, Anstrengende zu lernen. Gegen das Schreiben von Gedichten oder so etwas Ähnlichem hatten sie große Bedenken. Als sie dann einige Resultate erstaunlich witzig und irgendwie spannend fanden, wuchs die Geduld. So scheint es ratsam, die Kinder zwar ein wenig zu überfordern, ihre Widerstände aber sehr genau zur Kenntnis zu nehmen.

Übrigens waren sie in dem Maße bereit, sich Gedichte vorlesen zu lassen, in dem sie selbst ein paar Fortschritte gemacht hatten.

Auch stellten sie zu ihrer Überraschung fest, dass vor allem ihre Großeltern die merkwürdigsten Gedichte auswendig konnten.

Schließlich wurde sogar ein Lied „gedichtet" und „komponiert":

Gelnhausen ist ne schöne Stadt,
die zwei alte Märkte hat.
Und dann gibt es noch ebenfalls
die hochberühmte Kaiserpfalz.

Und wer Gelnhausen gar nicht kennt,
der hat die schönste Stadt verpennt.
Doch noch ist es nicht ganz zu spät!
Kommt nach Gelnhausen, wenn es geht.

Und wenn es nicht geht, bleibt zu Haus,
Wir leben hier in Saus und Braus!
Adieu und Tschüs und gute Nacht,
denn jetzt wird Schluss gemacht.

Frühlingsgedichte sind häufig nicht besonders originell. Der folgende Text dokumentiert, dass die Schülerinnen und Schüler aber manchmal interessante poetische Assoziationen zu Papier bringen.

Endlich ist der Frühling da
Vögel zwitschern uns wach
Ich rieche die Blumen und laufe barfuß durchs Gras
Ich sitze im Gras und träume
Und der Himmel ist blau wie das Meer
Der Wind bläst uns um die Ohren
Und leise leise geht der Schnee hinweg
Es ist die Zeit der Liebe
Und die Fische sonnen sich im klaren Wasser
Mir geht es gut, der Frühling wäscht den Winter weg.

Zusatzaufgabe

Suche dir irgendein Gedicht aus, zum Beispiel den Anfang von „Max und Moritz" von Wilhelm Busch.

Da heißt es:

Ach, was muss man oft von bösen
Kindern hören oder lesen!
Wie zum Beispiel hier von diesen,
Welche Max und Moritz hießen;
Die, anstatt durch weise Lehren
Sich zum Guten zu bekehren,
Oftmals noch darüber lachten
Und sich heimlich lustig machten.

Verändere das Gedicht.

Jetzt könnte man das Wort „Kinder" durch „Eltern" ersetzen, die Namen Max und Moritz durch die Namen der Eltern oder der Freundinnen und Freunde. Man kann auch die Wörter umdrehen und aus den bösen Kindern gute machen.

Solche und ähnliche Eingriffe empfiehlt H. M. ENZENSBERGER als Vorschule der Poesie (2001).

6. Zufallswörtergeschichten

 Aufgabe

Finde Wörter und schreibe daraus ganz schnell eine Geschichte.

Man nimmt ein Buch, schlägt es irgendwo auf, deutet mit geschlossenen Augen auf ein Wort und notiert dieses Wort. Das macht man fünf oder sechs Mal und schreibt dann schnell, ohne nachzudenken eine kurze Geschichte, in denen die Wörter in beliebiger Reihenfolge vorkommen sollen.

 Beispiel

In einer Schreibwerkstatt wurden auf diese Weise folgende Wörter gefunden:

Zähne, glauben, Ferkel, etwas, konnten, sagte

Eine Schülerin hat daraus folgende Geschichte gemacht:

An einem Morgen wachte ich auf. Wir wollten an diesem Tag auf einen Bauernhof fahren. Ich sprang aus dem Bett, zog mich an und ging ins Bad.
„Hast du dir schon die Zähne geputzt?", hörte ich die Stimme meiner Mutter.
„Ja, ja!", rief ich genervt.
Ich hatte es tatsächlich gewagt zu glauben, dass sie diese Frage heute mal nicht stellen würde. Aber das wäre auch etwas ganz Neues gewesen.
Nach dem Frühstück konnten wir losfahren.
„Ich freue mich schon so!", sagte ich.
Als wir auf dem Bauernhof ankamen, sahen wir viele Ferkel, die auf dem Hof herumliefen. Diesen Tag auf dem Bauernhof werde ich nie vergessen!

Ein Junge hat es sich einfacher gemacht:

Ferkel sagte: „Meine Eltern glauben, dass sie etwas mit den Zähnen konnten."

7. Geschichten weiterschreiben

Wahrscheinlich gibt es niemanden in der Schule, die oder der das nicht schon einmal oder immer wieder getan hat. Trotzdem wird es gern gemacht und verbindet auf stabile Weise die Fantasie mit der Wahrnehmung von etwas Vorgegebenem. Es hat sich sehr bewährt, dass die Kinder ihre Texte in der Schule schreiben und zu Hause selbst oder mit Hilfe der Eltern oder Geschwister in den Computer eingeben. Dabei werden die Fehler erklärt und verbessert. Es setzt sich die Einsicht durch, dass man, wenn man mit dem Computer „für die anderen" schreibt, gründlicher auf Fehler achtet.

In den Schreibwerkstätten haben wir beobachtet, dass Kinder mit neun oder zehn Jahren schon Erfahrungen mit dem Computer gemacht haben und, dass sie gern ausgedruckte Texte mitbringen, die sie an die Mitschülerinnen und Mitschüler weitergeben. Auf diese Weise bekommen die Texte eine, wenn auch unscheinbare Öffentlichkeit, und das wirkt positiv auf die Schreibpraxis zurück.

An einem Beispiel sei an diese schöne Methode erinnert.

 Beispiel

Dieser Anfang wurde vorgegeben:

Anja und Sven wollten ihren Onkel besuchen. Der war Landwirt und wohnte in einem großen Bauernhof am Rand des Fürstenwaldes.
Unterwegs spielten sie und merkten gar nicht, wie die Zeit verging. Sie verliefen sich. Sie wussten nicht mehr, wo sie waren. Da fing es an zu schneien. Es wurde dunkel, und es hörte gar nicht mehr auf zu schneien. Jetzt wussten sie nicht, was sie machen sollten ...

Tanja schrieb die Geschichte so weiter:

„Ich hab ja gleich gesagt, dass wir uns beeilen müssen, und du wolltest unbedingt spielen!", sagte Anja zu ihrem Bruder. „Wer hat denn am Bach so lange gespielt?", fragte Sven. Dann mussten sie weinen und fingen an laut zu rufen. Aber es war keiner da. Sie erkannten nichts mehr und machten sich Mut. Da hörte es auf zu schneien. Der Mond schien, und sie liefen jetzt ein-

fach in eine Richtung. Dann kamen sie an ein Haus, und es war das Haus von ihrem Onkel. Da mussten sie wieder weinen, aber diesmal vor Freude.

 Aufgabe

Schreibe den Anfang einer Geschichte zu Hause mit dem Computer und bringe sie in den Unterricht mit. Die angefangenen Geschichten kommen in eine „Lostrommel". Dann ziehst du einen Zettel und schreibst die Geschichte weiter.

Eine andere Aufgabe

Märchen weiterschreiben

„Das Pech aber blieb fest an ihr hängen und wollte, solange sie lebte, nicht abgehen." So endet das Märchen „Frau Holle".
Wie wäre es, wenn es so nicht endete? Wenn die Faule noch eine Chance bekäme, ihr Pech zu verlieren?
Wenn der Räuber aus dem „Räuberbräutigam" am Ende nicht hingerichtet würde, sondern das geraubte Gold an die Armen verteilte? Und Rotkäppchen mit dem Wolf nach Amerika gefahren wäre?

Eine weitere Möglichkeit: Man sucht sich ein Märchen (vielleicht das Lieblingsmärchen) aus und erzählt es an einer bestimmten, selbst gewählten Stelle anders weiter. (Märchen sind und bleiben bekannt und beliebt.)

Es ist sehr wichtig, dass die andere Version *erzählt* wird. Besonders interessierte Kinder könnten diese Aufgabe bekommen. Wenn die Mitschülerinnen und Mitschüler empört reagieren, weil sie nicht wollen, dass „ihre" Märchen verändert werden, dann haben alle die Erfahrung gemacht, dass Erzählungen starke Wirkungen haben können.

8. Lückentexte

Diese Art von Texten kann ziemlich langweilig sein. Vor allem, wenn in der Lücke kein Platz für selbstständige Lösungen ist.

Sie können aber auch aufregende Ergebnisse generieren. Beim folgenden Text wurde darum gebeten, nichts „Gewöhnliches", nicht etwas, was man sowieso schon erwartet, in die Lücken zu schreiben.

Hier ist der Text:

> *Das Auto fuhr schnell in die Kurve. Plötzlich sah der Fahrer ein Kind. Er versuchte, zu bremsen, geriet aber ins Schleudern und landete vor einem _____. Das kann doch nicht wahr sein; das Kind, dem er gerade noch hatte ausweichen können, war _____. Am Abend gingen sie in eine Kneipe und _____. Der Fahrer nahm sich vor, nie mehr_____.*

Patricia machte daraus:

> *Das schwarze Auto fuhr schnell in die Kurve. Plötzlich sah der Fahrer ein Kind. Er versuchte, zu bremsen, er geriet ins Schleudern und landete vor einer Mülltonne. Das kann doch nicht wahr sein; das Kind, dem er gerade noch hatte ausweichen können, saß in der Mülltonne und strahlte ihn an. Am Abend gingen sie in eine Kneipe und wollten einen trinken. Der Fahrer aber nahm sich vor, es nie mehr zu tun.*

Joanna schrieb:

> *Das rote Auto fuhr schnell in die Kurve. Plötzlich sah der Fahrer Anna. Er versuchte, zu bremsen, geriet ins Schleudern und landete vor einer Schreibmaschine. Das kann doch nicht wahr sein; das Kind, dem er noch hatte ausweichen können, war Sabrina. Am Abend gingen sie in die Kneipe und küssten sich. Der Fahrer nahm sich vor, nie mehr Ananasschnaps zu trinken.*

Jedes Mal waren die Kinder überrascht. Sie staunten über ihre Einfälle und darüber, wie sehr ein einzelnes Wort ganze Sätze und Abschnitte verändern kann. Joanna konnte nicht sagen, wie sie auf „Schreibmaschine" kam, sie meinte aber, es habe mit dem zu tun, was in der Schreibwerkstatt gemacht würde.

Aufgabe

Die Lehrerin, der Lehrer verfassen einen Lückentext und denken dabei nicht so sehr an korrekte Einfügungen, sondern an die Möglichkeit interessanter Abweichungen.

 Aufgabe

Ein Kind schreibt einen kurzen Text aus dem Lesebuch, aus der Tageszeitung, aus einem beliebten Kinderroman ab und lässt dabei nach eigenem Belieben Lücken, die es im zweiten Arbeitsgang selbst ausfüllt.

Eine Bemerkung zwischendurch: Alle Texte, in die Arbeit und Spaß investiert wurden, werden in einer schönen großen Mappe aufbewahrt. Am Ende eines Schuljahrs kann das Kind mit oder ohne Hilfe der Lehrerin, des Lehrers die besten und schönsten Texte auswählen und sie in einem Klemmbinder oder in anderer Bindung zu einem Jahresbuch zusammenfügen. Dabei ist sehr sorgfältig zu verfahren, damit die Kinder merken, wie ernst ihre Texte genommen werden.

Im Kontext dieser Sammelmappe kann auch über die Verwendung unterschiedlicher Papiersorten, Schreibutensilien und Schriftarten aus dem Computer geredet werden. Aber traditionelles Schreibgerät wie Kugelschreiber, Füller, Stift sollte nicht vernachlässigt werden.

9. Das Journal

Ein Vorschlag: Kinder, die gern schreiben, sollten immer ein Journal bei sich haben. Das kann ein Notizbuch, ein dickes Heft oder ein schöner Blinddruck sein.

Darin halten sie merkwürdige Wörter fest, die sie unterwegs auf Plakaten finden oder in den Zeitungen, die die Fahrgäste unterwegs in der U-Bahn lesen.

Auch Einfälle und Ideen landen darin. Überschriften von Geschichten, die man schreiben will, Sachen, die man sich merken möchte. Das Journal sollte immer wieder mit der Lehrerin, dem Lehrer besprochen werden. Es können auch andere Menschen ins Journal schreiben, dann ähnelt es einem Poesiealbum, es muss ja nicht Poesiealbum-Poesie sein.

Ganz besonders wichtig ist das Journal für die Kinderreportage, siehe nächstes Kapitel.

10. Kinderreportage

Bei dieser Übung geht es darum, Wahrnehmungen unter bestimmten Gesichtspunkten festzuhalten.

Aufgaben

Spaziere in deiner Wohngegend herum und notiere die Namen der Straßen und Plätze im Journal. (Mit Hilfe der Eltern könnten einige Straßennamen erklärt werden.)

Zeichne eine Straßenkarte. Füge die Nachbarhäuser als Vierecke und eine Legende hinzu. Halte besondere Merkmale der Häuser fest:

▶ Wer wohnt darin?
▶ Stehen Autos auf der Straße?
▶ Gibt es Bäume?
▶ Welches Symbol könnte man für Bäume verwenden?

So entsteht eine Karte, die kreuz und quer mit Wörtern und Sätzen voll geschrieben ist: Hier wohnt die Familie Gutmann, es gibt da einen Hund. Hier steht ein VW, der nie wegfährt. Das Haus ist grün angestrichen.

Eine solche Karte kann immer wieder überarbeitet werden. Es können Fotos und Abbildungen aufgeklebt werden, farbige Zeichnungen kommen hinzu und kurze Geschichten zu einigen, besonders markanten Ereignissen in der Straße.

Viele Kinder sind in einem Sportverein, reiten, lernen ein Instrument oder haben Ballett-Unterricht. Über diese Aktivitäten kann man Reportagen schreiben. Wichtig sind die jeweiligen Fachausdrücke. Es stellt sich dann heraus, dass manche Kinder schon richtige Profis sind, die über Pferde oder Klarinetten sehr gut Bescheid wissen. Über ein Hockey-Turnier oder ein Spiel in der F-Jugend lässt sich einiges schreiben. Der Text, der bescheidene Elemente eines Berichts, einer Reportage enthält, sollte unbedingt in irgendeiner Weise „veröffentlicht" werden: per E-Mail verschickt, in einer Klassenzeitung abgedruckt, als Wandzeitung im Klassenraum aufgehängt.

Wenn es einen Flughafen, einen Hafen, einen Freizeitpark oder Ähnliches in der Nähe gibt, kann man darüber Kinderreportagen schreiben.

Zwei Mädchen aus der Schreibwerkstatt schrieben eine Reportage über ein Funkhaus. Hier ein Ausschnitt:

Das Funkhaus ist gar kein Haus. Es sind sehr viele Gebäude, in denen man sich leicht verirren kann. Kinder dürfen da nicht einfach so herumlaufen, aber Erwachsene auch nicht. Es gibt einen sehr dicken Pförtner, der aufpasst.

Man kann sich anmelden zu einer Kinderführung, und die haben wir mitgemacht. Am Anfang steht man vor einem großen Holzmodell. Ein Student erzählt über den Rundfunk, seine Geschichte, seine vielen Sendungen im Radio und im Fernsehen. Der Student erklärt alle Gebäude, und es brennt dann immer in dem Holzmodell ein kleines Licht, damit man weiß, worüber gerade gesprochen wurde.

Spannend sind die Werkstätten. Das hatten wir nicht gewusst. Es gibt beim Rundfunk eine Schreinerei, einen Polsterer, eine Schlosserei, eine Bildhauerei. Die haben früher die Kulissen für das Fernsehen gemacht und die Marionetten für die Augsburger Puppenkiste. Heute haben sie nicht mehr so viel zu tun.

Das große Fernsehstudio ist ganz anders als man denkt. Man sieht eigentlich gar nichts außer ganz vielen Scheinwerfern und sehr großen Fotos als Hintergrund für die Sendungen im Fernsehen.

Dem Moderator des Kinderprogramms konnten wir bei der Arbeit zuschauen. Die dicken Kopfhörer sahen ziemlich komisch aus. Wir hätten nicht gedacht, dass so viele Leute da arbeiten.

Zum Schluss waren wir in der Kantine und haben leckeren Kuchen bekommen. Ein Redakteur hat uns erklärt, wie Sendungen für das Kinderprogramm gemacht werden. Er hat unsere Schreibwerkstatt für eine Sendung eingeladen.

Lokale Zeitungen oder Heimatblätter sind häufig gern bereit, die Texte der Kinder abzudrucken; für die Schreibsozialisation sind solche frühen Publikationserfahrungen außerordentlich ermutigend.

11. Tiergeschichten

Tiergeschichten sind bei acht- bis zehnjährigen Kindern sehr beliebt. Viele große Gefühle, Wünsche und Ängste werden im Zusammenhang mit Tieren artikuliert.

Silas nannte seine Geschichte „Ein Hundeleben".

> Es war einmal eine Hündin, sie lebte in einem Tierheim. Sie war trächtig. Auf einmal war es so weit: Ein kleiner Welpe hopste aus ihrem Bauch heraus. Leider geschah dann etwas Schreckliches. Die Hündin starb kurz nach der Geburt des Welpen. Der Tierpfleger nannte den Welpen Bello. Er kümmerte sich liebevoll um Bello. Er gab ihm die Flasche, ging manchmal mit ihm Gassi, und wenn er mal Zeit hatte, dann spielte er auch mit ihm.
> So wurde Bello immer größer.
> Öfter fühlte sich Bello sehr einsam in seinem Zwinger und sehnte sich nach einer Familie.
> Kurz vor Weihnachten war es dann endlich so weit. Es kam eine Familie mit einem Jungen ins Tierheim, und als sie Bello entdeckt hatten, wussten sie sofort, dass gerade er noch in der Familie fehlte. So nahmen sie Bello mit nach Hause.
> Die Mutter gab ihm täglich sein Fressen, der Vater ging immer mit ihm spazieren, der Junge spielte ganz oft mit ihm, und alle hatten ihn lieb.
> Jetzt hatte Bello endlich eine Familie, die er lieb haben und auf die er aufpassen konnte.
> Und von da an lebte er glücklich bis an sein Ende.

Märchenhaft geht es in der Fuchs-Geschichte von Timo zu:

> Es war einmal an einem großen Ahornbaum nur noch ein einziges Blatt. Doch der Wind riss es dann doch noch hinunter. Es segelte ganz langsam auf den Boden. Da kamen zwei Fuchskinder. Das eine nahm das Blatt in sein Maul und rannte mit ihm zum Fuchsbau.
> Die Mutter fragte: „Und habt ihr schön gespielt?" Der eine Fuchs antwortete: „Ja, haben wir." Der andere sagte: „Guck mal, was ich gefunden habe." Und er zeigte ihr das Blatt. Da sagte das Blatt: „Hallo." Alle erschraken und sprangen auseinander. Das Blatt fragte: „Habt ihr denn noch nie ein sprechendes

Blatt erlebt?" Die Mutter sagte: „Nein, aber wenn du willst, kannst du bei uns bleiben." Alle schrien ganz laut: „Au jaaa!" Und das Blatt durfte wirklich bei ihnen bleiben.

Lisa mag Hasen:

An einem schönen Frühlingstag wachte der kleine Hase sehr früh auf. Er hoppelte aus seinem Bau und spielte mit den Schmetterlingen. Nach einer Stunde wachte auch seine Mutter auf. Sie rupfte gleich frisches Gras, und dann lief sie zu ihrem kleinen Hasen. Der kleine Hase freute sich immer, wenn die Mutter mit ihm spielte.

Cora ist mit einer Schildkröte befreundet:

Meine Schildkröte heißt Emma. Sie ist eine meiner besten Freundinnen. Als ich klein war, habe ich mit ihr im Sandkasten gespielt. Wir bauten Türme und backten Kuchen. Ihr Lieblingsspielplatz war im Terrarium. Dort planschte sie im Wasser und machte alles nass.

Katzen haben es Jonas angetan:

Die kleine Katze Abisa wurde ausgesetzt. Sie lief die Straße rauf und runter. Aber langsam wurde ihr das langweilig. Sie ging in eine Seitenstraße, weil da immer sehr viele Katzen waren. Aber heute sahen sie alle sehr ängstlich aus. Abisa wollte wissen, was los ist und die Katzen antworteten: „Heute soll die allerstärkste Katze kommen." Sie kam, aber sie sah heute sehr kaputt aus. Sie fragte: „Wer ist das denn?" „Das ist Abisa", antworteten die Katzen. Sie durfte bei ihnen bleiben, und zusammen hatten sie viel Spaß.

Ein seltsames Eichhörnchen beschreibt Kathrina:

In der Eichenstraße 11 wohnt das Eichhörnchen. Es frisst gerne Eicheln und spielt gerne Eichhörnchenverstecken und sammelt Eicheln. Und wenn seine Mutter ruft: „Auf, Eichi, du musst doch in die Eichelnschule!", versteckt es sich in der Eiche. In der Eichelnschule macht es nur Unsinn. Nur schreiben, das macht ihm Spaß. Und schreibt und schreibt und schreibt.

„Der Hund und das Problem" nennt Sophia ihre Geschichte:

Es war einmal ein Hund, der war ein Straßenköter. Er wanderte gern durch die Stadt. Er hatte sich schon längst an den Lärm der Autos, Straßenbahnen und Züge gewöhnt. Er hatte aber ein Problem: Es gab eine Bande von Hunden, mit denen er schon seit vielen Jahren verfeindet war. Die Bande war ganz schön blöd. Er hatte einen Plan ausgearbeitet. Als der Plan fertig war, musste er die blöden Hunde nur noch finden. Der Plan ging so: Er schleifte eine

Wurst quer durch die Stadt bis zu der tiefen Schlucht. Dann stupste er die Wurst runter. Kurz darauf kamen die Dummköpfe, und bald waren sie nur noch Geschichte.

„Der Bär, das Meerschweinchen und das Pferd", so heißt die Geschichte von Mona:

Ein Pferd und ein Meerschweinchen wohnten auf einem Bauernhof. Das Pferd hieß Peter und das Meerschweinchen Palo. Sie fühlten sich nicht wohl auf dem Bauernhof. Beide wollten ausbüchsen. Aber wie, das war die Frage.
Palo gehörte einem Mädchen. Sie hieß Friederieke. Eines Tages ließ sie die Tür von Palos Käfig offen. Palo ging zu Peter in die Box. Er machte die Boxentür auf und sagte: „Komm, Peter." „Ja, ja, ich komme." Sie trabten in den Wald. Plötzlich trafen sie einen Bären. Das Pferd fragte den Bären: „Was bist du denn?" „Ein Bär, das siehst du doch", antwortete er. „Na gut, dann hauen wir eben zusammen ab", sagte Palo. Und sie wanderten und wanderten und waren froh.

Anna schrieb über die Hündin Lisa, die Laura rettete:

Es ist tiefer Winter. Laura ist elf Jahre alt und soll ihrer Oma, die auf der Alm wohnt, ein Weihnachtsgeschenk bringen. Der Weg ist zwar sehr weit, aber Laura kennt ihn genau. Trotzdem nimmt Laura ihren Hund Lisa mit, man kann ja nie wissen.
Also, Laura ist auf dem Weg zur Oma. Die Oma bietet ihr heiße Schokolade an, aber Laura meint: „Meine Eltern machen sich bestimmt Gedanken und fragen sich, wo ich bleibe."
Auf dem Rückweg kam eine Schneelawine. Sie verschüttete Laura. Lisa konnte ihr entkommen. Sie rannte zur Hütte von Vater Lothar. Als Lisa angekommen war, zerrte sie ihn hinaus. Hunde können schließlich nicht sprechen. Endlich begriff Lothar, dass Lisa in Gefahr ist und grub sie aus. Dann gingen alle nach Hause und feierten Weihnachten.

Und dann kam ein Teddybär in die Schreibwerkstatt. Er wurde in die Mitte des Tisches gesetzt und von allen Seiten begutachtet. Über sein Leben sollte eine Geschichte geschrieben werden.

Miriam nannte ihn Bruno:

Teddybär Bruno wohnt in Teddybärhausen und hat dort viele Freunde. Er hat nur einen Feind. Das ist Oskar Tilletip, der gefährlichste Hund im ganzen Dorf. Auf der Straße wird Bruno andauernd von Oskar Tilletip verfolgt. Er hofft noch, dass ein Wunder passiert. Oskar Tilletip wohnt in der größten Villa der Stadt.

Die Kinder, bei denen Bruno lebt, sind sehr lieb und gehen gut mit Brunos Spielsachen um. Aber nicht mit ihm. Sie gehen sehr schlecht mit ihm um. Sie schmeißen ihn in die Ecke und stopfen ihn in dünne Rohre. Bruno geht deshalb weg und sucht sich ein neues Zuhause.

Auf einmal kommt Oskar Tilletip um die Ecke. Er möchte sich losreißen und Bruno fangen, aber er schafft es nicht. Er zieht und zieht und dann steht er vor Bruno. Bruno will wegrennen, doch Oskar hält ihn fest. Er nimmt Bruno mit in seine Villa.

Dann reißt sich Bruno los und rennt quer durch das Haus. Er rennt geradewegs durch eine Pfannkuchenmaschine. Als Bruno heil wieder rauskam, da schaltete er die Maschine an, und als Oskar durch war, war er platt wie ein Pfannkuchen.

Dann suchte Bruno weiter, und jetzt wohnt er bei Heiner und ist sehr zufrieden.

Luis schrieb die folgende Geschichte:

Tschali der Teddy

Die Geschichte fing eigentlich ganz gut an, doch sie war grauenvoll. Wenn es euch neugierig macht, dann erzähl ich sie euch:

Ein Teddyleben ist so, wie man sich ein Teddyleben vorstellt. Man wird beachtet und geliebt, doch bei mir war das ganz anders. Michi hat fast immer Freunde bei sich. Egal, wer bei ihm ist, ob Freddy oder Mark oder Max Roderich – immer lässt er mich im Stich. Nur, wenn keiner da ist, fragt er mich. Doch das war noch gar nichts. Michi hatte Geburtstag, und er bekam auch noch ein Tier. Schon nach zwei Tagen hatte er sich nicht mehr um das Tier gekümmert. Am vierten Tag wurde es krank, und es wurde ihm weggenommen. Nun wusste er, wie ich mich fühle. Dann wurden wir gute Freunde.

Mareike schließlich schrieb die Geschichte:

Bobo der Bär

„Mein Kuscheltier heißt Luna, und sie ist eine Katze. Schon in zwei Tagen habe ich Geburtstag", sagt Lara. Lara freut sich schon riesig. Die nächsten zwei Tage kann sie es kaum aushalten.

Nun ist es so weit, Lara hat Geburtstag. Heute ist der schönste Tag, den sie je erlebt hat.

Es ist schön warm, und ein kleines Lüftchen weht.

Und sie bekommt ... ein neues Kuscheltier, es ist ein Bär. „Ich nenne ihn Bobo", sagt Lara. Abends liegt sie mit Bobo und Luna im Bett. Aber Luna fällt aus dem Bett. Lara drückt Bobo ganz fest an sich.

Morgens wacht Lara auf und schaut aus dem Fenster. Sie haben neue Nachbarn. Lara sieht, dass der neue Nachbarjunge Spielsachen zerreißt. Sie hat schon ein bisschen Angst, dass er das mit ihren Spielsachen auch so machen wird. Er hat eine blaue Hose und ein schwarzes T-Shirt mit einem Totenkopf an. Seine oberen Zähne hängen ihm bis zur unteren Lippe.

Da denkt sie an Luna und schaut sich nach ihr um, aber sie findet Luna nicht. Sie sieht, dass der neue Nachbarjunge auch so eine Katze hat wie sie. Vielleicht ist es ja Luna!

Dann muss sie anfangen zu weinen. Sie sagt: „Warum habe ich nicht gut genug auf Luna aufgepasst?" Eine Träne fällt auf Bobos Gesicht, den sie im Arm hält. Plötzlich ruft Laras Mutter: „Lara, komm, das Frühstück ist fertig." Lara läuft ganz schnell und sagt zu ihrer Mutter: „Luna ist verschwunden! Ich glaube, der Nachbarjunge hat Luna gestohlen!"

Die Mutter sagt zu Lara: „Wir werden sie schon wiederfinden. Wir fragen einfach die Nachbarn." Lara findet, dass das eine gute Idee ist, und so geht sie mit ihrer Mutter nach dem Frühstück zu den neuen Nachbarn.

Laras Mutter fragt die neue Nachbarsmutter: „Hallo, wir sind die Familie von nebenan, und meine Tochter Lara wollte gerne wissen, ob ihr Sohn als Kuscheltier eine Katze hat." Da antwortet die Nachbarsmutter: „Wir gehen mal hoch und fragen Kosovar."

Kosovar hatte tatsächlich eine Katze als Kuscheltier. Sie sah aber ganz anders aus als die Katze von Lara. Laras Mutter fragte: „Kosovar, willst du mit rüberkommen zum Spielen?" Er antwortete: „Nein." Lara sagte: „Tschüss, vielleicht klappt es ja morgen?" Kosovar fand die Idee gut und sagte: „Ja, dann bis morgen."

Abends, als Lara ins Bett gehen wollte, fand sie Luna ganz plötzlich. Sie lag unter dem Bett. Darüber freute sich Lara, denn sie weiß jetzt auch, dass Kosovar sie nicht gestohlen hat. Sie freut sich auf den nächsten Tag, dass sie es Kosovar erzählen kann. Und warum Kosovar seine Spielsachen zerrissen hat, das erfahrt ihr in der nächsten Geschichte. Und, wie es Bobo ergangen ist.

Es geht in diesen Geschichten um Freundschaft, um Mitleid, um Gefahr und Rettung, um Tiere, die es gut haben sollen.

Man muss Kinder nicht lange um Tiergeschichten bitten; sie werden gern und oft geschrieben. Nicht selten gibt es auch schon einen größeren Vorrat an Tiergeschichten.

Aufgabe

Eine Schülerin, ein Schüler betätigen sich als Herausgeber von Tiergeschichten. Sie sammeln in ihren Klassen, Vereinen, Freundeskreisen Tiergeschichten und wählen die schönsten aus für ein „Tierleben", das den Namen ihrer Schule, ihrer Stadt oder ihren eigenen trägt. Die Texte werden kopiert, geheftet und mit einem bunten Titelbild versehen.

Es wird ein Tierheim besucht. Jedes Kind wählt einen Hund, eine Katze oder ein anderes Tier aus und schreibt darüber ein Porträt, eine Geschichte. Diese Geschichte wird im Vereinsblatt, in der Heimatzeitung veröffentlicht. Der schönste Erfolg bestünde darin, dass das porträtierte Tier wie in der Geschichte von Silas über Bello ein neues Zuhause bekäme.

Man verlässt den Zirkel der beliebten Haus- und Spieltiere, um in Afrika, Indien oder Brasilien nach weniger bekannten Tieren zu forschen. Das Wissen besorgen sich die Kinder aus Tierlexika oder alten Bänden mit brillanten Farbabbildungen. Die Aufgabe besteht zunächst darin, nach solchen Büchern zu suchen und Entdeckungen im Papierdschungel zu machen. Schließlich könnte ein Bestiarium entstehen, in dem der Nasenbär neben dem Nilpferd, Kolibris neben Sägefischen stünden. Die Texte schreiben selbstverständlich die Kinder.

12. Dinggeschichten

Der russische Schriftsteller SERGEJ TRETJAKOV hat den Begriff „Biografie der Dinge" geprägt. Er forderte Kinder auf, den Inhalt ihrer Hosentaschen zu leeren, eine exakte Bestandsaufnahme der Messer, Murmeln, Bindfäden ... zu machen, um dann die „Lebensgeschichte" eines jeden Gegenstandes zu schreiben.

Ob das auch heute noch ergiebig ist, ob sich in Hosen- oder Manteltaschen noch Sachen befinden, deren Geschichten interessant sind, kann in spontanen Tests herausgefunden werden.

In einem unserer Kurse wurden Taschenmesser, natürlich Papiertaschentücher, Münzen, Zettel, Bleistiftstummel, Maskottchen und manch anderes aus den Taschen geholt.

Bei den erzählten und geschriebenen Geschichten hieß es dann: „Das Messer kommt aus der Fabrik. Die Taschentücher hat meine Mutter in der Drogerie gekauft. Den Schlüsselanhänger habe ich zum Geburtstag bekommen."

Bei genauerem Hinsehen kam dann ein Taschenmesser aus der Schweiz, wo ein Junge mit seinen Eltern im Urlaub gewesen war.

- Woraus besteht ein Taschenmesser? – Aus einem Griff und aus Klingen oder einem Korkenzieher.
- Woraus ist der Griff gemacht? – Aus Plastik.
- Was ist Plastik? – Kunststoff. Chemie. Weiß nicht.
- Und die Klinge? – Aus Eisen, es rostet nicht, das steht drauf.
- Was ist denn eigentlich Eisen? Wo kommt es her? – Letzten Endes aus der Erde. Aus Eisenerz.

Philip wurde beim Thema Hosentasche unruhig. Er wollte unbedingt zeigen, was er mit sich trug. Dann packte er den Inhalt vor sich auf den Tisch und schrieb den folgenden Text über die Dinge in seiner Tasche:

> 1. Ein blaues Schweizer Messer. Von Papa zum Geburtstag. Die meisten sind rot mit einem Kreuz, aber meins ist blau, und das finde ich viel schöner. Es hat eine Pinzette, einen Korkenzieher, einen Dosenöffner, zwei Klingen und ein weißes spitzes Stöckchen.
> Manchmal verborge ich mein Messer, aber ich will es immer gleich wieder zurückhaben, weil ich ohne das Messer gar nicht leben kann. Meine

Mutter war gegen mein Messer, aber mein Vater hat gesagt, dass ich schon so vernünftig bin und sicher keinen Quatsch damit mache. Mein Vater hat Recht.

2. Ein Taschentuch. Das gibt mir die Mama immer mit und ich soll sagen, wenn es schmutzig ist. Ich brauche es manchmal als Lappen, meine Nase putze ich eigentlich nicht mit diesem Taschentuch aus Stoff.

3. Aus dem Überraschungsei ein Boot, das ich tauschen will gegen ein Auto, weil mich Boote nicht interessieren. Das Boot kann leicht brechen, aber ich passe auf.

4. Eine kleine Taschenlampe, damit man das Schlüsselloch findet. Das war ein Werbegeschenk für meinen Opa. Der hat schon drei Lampen. Die Lampe leuchtet blau.

5. Reste von Papier. Weiß nicht genau, woher die kommen.

In die Dinggeschichten mischen sich viele Vermutungen, Fantasien, Fragen. Wenn den Dingen eine „Lebensgeschichte" zuerkannt wird, dann lässt sich darüber erzählen, dann ist es auch erlaubt, was man nicht weiß, durch tastende Annäherung herauszufinden.

Zu den Dingen können „Stoffe" wie Holz, Baumwolle, Plastik oder Wasser treten. Nun könnte man einwenden, dass hier der Schreibunterricht mit Chemie, Physik oder Geschichte verwechselt wird. – Noch dazu in der Primarstufe, wo solche Dinge vielleicht im Sachunterricht abgehandelt werden.

Beim Schreiben mit begabten Kindern geht es aber gerade darum, den Schreibhorizont ständig zu erweitern und das Schreiben auch als ein Mittel der Realitätsaneignung, der Selbsterkenntnis und der Kommunikation zu nutzen. – Und gewiss auch als ein System, in dem man mit den unterschiedlichsten Regeln, Qualitäten und Besonderheiten konfrontiert wird.

Beim Schreiben über die Geschichte eines Taschenmessers wird ein komplexer Gegenstand untersucht, der vielleicht über einen Dorn verfügt (Warum heißt dieses spitze Ding „Dorn"?), eine Klinge und eine Schneide hat und eine kleine Vertiefung, in die man mit dem Fingernagel greift. Greift? Oder vielleicht fasst, piekst? Und dieser Gegenstand ist immer, jedenfalls, wenn ich diese Hose trage, bei mir. Es ist ein Geschenk, und ich habe viele Warnungen gehört. Es ist gar nicht einfach, so ein Taschenmesser herzustellen, und eigentlich weiß ich darüber so gut wie nichts.

So berührt dieser Gegenstand viele Sphären und kann unter höchst unterschiedlichen Aspekten angeschaut werden.

So ungenau das Wissen im Einzelnen sein wird, so sehr kann eine Geschichte das Gefühl für die anschauliche Komplexität des Gegenstands fördern.

 **Aufgabe**

Schreibe kurze Geschichten über sechs Sachen aus der Küche:

▶ Salz
▶ Zucker
▶ Kakao
▶ Kochtopf
▶ Korkenzieher
▶ Schneebesen

Beschreibe in der Geschichte, wie die Sachen schmecken, aussehen, wofür sie benutzt werden, wie sie funktionieren, wer sie benutzt, woher sie kommen und wo sie gekauft wurden.
Schreibe auch, was sie für dich bedeuten.

Aufgabe

Trinkst du gern Kakao? Oft? Eine bestimmte Marke? Wie gefällt dir die Verpackung? Wozu nimmst du Zucker? Benutzt du manchmal einen Schneebesen?
Bleiben wir beim Kakao. Was weißt du darüber? Wo kommt er her? Gibt es da wie beim Kaffee eine Pflanze? Was hat der Kakao mit der Schokolade zu tun? Bevor du es aufschreibst, solltest du ein wenig fragen und forschen. Du kannst im Lexikon nachschauen, Leute fragen, im Internet suchen, dich im Geschäft erkundigen. Dann kannst du deine Kakao-Geschichte in zwei Teile gliedern:

1. Was ich über Kakao herausgefunden habe und
2. wie er mir schmeckt, wie ich ihn mag, ob ich immer so viel trinken darf, wie ich will.

Aufgabe

Wähle ein oder mehrere Zimmer, zum Beispiel dein eigenes Zimmer ..., aus dem/denen du vier oder sechs oder acht Sachen notierst. Schreibe eine kurze Geschichte darüber.

13. Stoffgeschichten

 Aufgaben

Holz

Nimm eine Bestandsaufnahme in der eigenen Wohnung vor:

- Was ist dort aus Holz?
- Welche Holzsorten kennst du?
- Wo wachsen die Bäume?
- Was wird mit Holz gemacht? – Zum Beispiel: gehobelt, gesägt, geraspelt, geschmirgelt, geschnitten, getrocknet, geleimt.

Du kannst zuerst Listen anfertigen mit den Baumarten, mit den Farben, den Eigenschaften wie weich, hart, leicht, schwer.

In einer Holzgeschichte kannst du erzählen, wie du einmal etwas geschnitzt hast, dass du vielleicht gern mit der ersten Eisenbahn aus Holz oder mit Bauklötzen gespielt hast. Oder du kennst einen Förster, spielst im Wald, liebst das Kaminfeuer.

Staub

Schreibe einmal auf, was zu Hause mit dem Staub gemacht wird. – Er wird gewischt und kommt doch immer wieder.

- Durftest du früher auf dem Staubsauger „reiten"?
- Hattest du Angst vor dem Geräusch?
- Kennst du jemanden, der eine Stauballergie hat?
- Nervt dich Staub?
- Fällt er dir überhaupt auf?
- Was ist eigentlich Staub?

Stelle dir vor, du wärst der Staub und hättest nur ein einziges Ziel: deine Mutter zu ärgern und immer wieder auf der Kommode zu liegen. Und dann hat niemand mehr den Staub weggewischt und er wuchs und wuchs, wurde dicker und dicker. Bald war das ganze Haus voll Staub, dann die Stadt. Man sah nichts mehr vor lauter Staub. Bis er sich eines Tages aus dem Staub gemacht hat.

Es gibt übrigens eine „Geschichte des Staubsaugers". Sie stammt von CHRISTOPH GLAUSER (2001). Schon die Abbildungen erzählen wundersame Geschichten, und man erfährt, was die Menschen mit dem Staub gemacht haben, bevor es den Sauger gab.

Immer wieder berührt das Schreiben den Sachunterricht, und solche Berührungen dienen beidem: Dem wahrnehmenden Schreiben und dem Wissen, das im Gedächtnis einen privilegierten Platz bekommt, wenn es beschrieben wird.

Aufgabe

Wasser

Beantworte bitte die Fragen:

▶ Was war das Schönste, was du jemals mit Wasser erlebt hast? In den Ferien, zu Hause, im Schwimmbad?
▶ Was war das Schlimmste, was du jemals mit Wasser erlebt hast?
▶ Was würdest du am, im, mit dem Wasser machen, wenn du könntest?
▶ Hast du einmal einen spannenden Meeresfilm gesehen, vielleicht über Piraten oder Moby Dick?
▶ Wo kommt das Wasser her?
▶ Welche Wassersorten kennst du?
▶ Welche Mineralwassersorten?

Geschmackstest

Es werden mit verbundenen Augen sieben Mineralwassersorten probiert. Jedes probierte Wasser wird in Stichworten beschrieben: salzig, sauer, prickelnd ...

14. Büchergeschichten

Kinder, die gern schreiben, lesen auch gern. Das scheint die Regel zu sein. Es liegt also nahe, über das Lesen zu schreiben. Dabei gibt es aber Tabuzonen. Über bestimmte, besonders intensive Leseerlebnisse äußern Kinder sich nur widerwillig. Daran sollte man nicht rühren, denn der Reiz liegt manchmal gerade darin, dass es ganz persönliche Sphären gibt, die für andere nicht zugänglich sind.

Das Lesen als anerkannte und so sinnvolle wie schöne Tätigkeit kann aber dadurch stabilisiert werden, dass es umschrieben und beschrieben wird.

Die folgenden Fragen könnten als Fragebogen ausgefüllt werden. Auf der Grundlage der Ergebnisse lässt sich das Lesekind dann noch besser fördern.

Aufgaben

▷ An welchen Orten, Plätzen, Stellen liest du? Beschreibe einen Lesetageslauf.

▷ Was liest du? Woher bekommst du die Bücher oder Heftchen, Zeitschriften?

▷ Womit konntest du einmal nicht aufhören zu lesen, weil es so spannend oder traurig oder überhaupt interessant war?

▷ Sprichst du mit jemandem über das, was du liest? Erzählst du, was du gelesen hast?

▷ Schreibe einmal auf, welches in letzter Zeit deine Lieblingsbücher waren.

▷ Kennst du Schriftstellerinnen oder Schriftsteller von Lesungen in der Schule oder aus dem Radio und Fernsehen?

▷ Wurde oder wird dir vorgelesen? Wer hat dir vorgelesen? Beim Einschlafen oder in anderen Situationen?

▷ Benutzt du eine Bibliothek? Stadtbibliothek, Schul- oder Klassenbibliothek?

▷ Was könnte man in den Bibliotheken verbessern? Wie wünschst du dir eine Bibliothek?

⬤ Was stört dich am meisten, wenn du liest und irgendetwas dazwischen kommt?

⬤ Kennst du jemanden, der noch mehr liest als du?

⬤ Bekommst du Tipps und Empfehlungen? Von wem?

⬤ Kennst du Hörbücher? Welche?

Interessierte Schülerinnen und Schüler können diesen Fragebogen übernehmen oder modifizieren und ihn dann anderen Schülerinnen und Schülern vorlegen und auswerten. So entsteht eine Liste der derzeit beliebtesten Bücher. (Wird es schon wieder und immer wieder nur „Harry Potter" sein?)

🔍 Andere Aufgaben

⬤ Du bist beim Lesen eines Buches eingeschlafen. Jetzt kommen die Personen, Gestalten wie Zwerge oder Zauberer, die Tiere und vielleicht Gespenster aus dem Buch und stellen etwas an mit dir. Erzähl doch mal, was da los ist.

⬤ Du wirst eine berühmte Schriftstellerin, ein berühmter Schriftsteller. Worüber schreibst du dann? Welche Sorte von Büchern wirst du verfassen?

⬤ Du wirst von deiner Lieblingsautorin, deinem Lieblingsautor nach Hause eingeladen. Was erlebst du dort?

⬤ Schreibe mal auf, welche Wörter du kennst, in denen „...buch" oder „Buch..." vorkommt, wie z. B. „Kochbuch" oder „Bücherschrank".

⬤ Auf dem Flohmarkt findest du ein wunderbares Buch, das dir gleich gefällt. Denke dir mal aus, wo das Buch herkommt und wo es einmal sein wird, wenn du es nicht mehr haben möchtest.

Eine weitere Anregung: Interessierte Kinder, die gern schreiben und lesen, könnten in der Klasse monatlich eine Bestenliste von Büchern zusammenstellen. Sie müssten die Fragebögen selbst formulieren und auswerten und dann die Titel des Monats an einem bestimmten Platz im Klassenraum aushängen. (Vielleicht sollte man damit warten, bis „Harry Potter" nicht mehr alles dominiert.)

Neben den vielen Möglichkeiten, über das Lesen und Bücher zu schreiben, sollte immer die Vorlesekultur gepflegt werden. Kinder, die gut vorlesen können, sollten immer wieder Gelegenheit dazu bekommen. Es könnte ein Anreiz sein, Vorlesen deshalb zu üben, weil man auch einmal vor der Klasse lesen darf. Es müssen übrigens nicht immer ältere Herrschaften sein, die kranken Kindern in der Klinik vorlesen. Wie wäre es, wenn Kinder Kindern dort Geschichten vorlesen würden?

15. Abenteuergeschichten

„Abenteuer" ist ein weiter, unklarer Begriff. Bei den Kindern löst er aber bestimmte Erwartungen und Vorstellungen aus. Es kommt immer ein Ereignis vor, das jemanden (meist ein Kind) in Not bringt. Wichtig ist dann die Rettung.

Es folgen ein paar Abenteuergeschichten aus den Gelnhäuser Schreibwerkstätten:

Veronika (1. Klasse) schrieb:

> Max und seine Mama gingen im Wald spazieren. Und weil es so kalt war, haben sie Holz geholt und Feuer gemacht.
> Dann ist das Feuer ausgegangen. Dann wollten sie das Feuer wieder anmachen, aber das Feuerzeug ging nicht mehr. Sie froren sehr. Dann gingen sie weiter und fanden ein neues Feuerzeug. Und dann probierten sie das gefundene Feuerzeug aus – das ging ganz gut. Also holten sie wieder Holz und machten ein neues Feuer.
> Und wenn sie nicht gestorben sind, dann leben sie heute noch.

Helene (2. Klasse) ließ Kinder aus dem Wasser retten:

> Einmal waren wir schwimmen. Es war im Baggersee. Anna konnte gut schwimmen, und sie schwamm zu weit raus. Sie kam nicht mehr zurück, weil sie keine Kraft mehr hatte. Aber ihr Hund hatte alles gesehen. Er sprang ins Wasser und schwamm schnell zu ihr hin. Anna war schon fast ertrunken, aber der Hund Rolf packte sie mit der Schnauze am Badeanzug und zog sie zurück. Dann konnten wir ihr auch noch helfen und nichts ist passiert. Rolf bekam ganz viel Wurst.

Frieder (3. Klasse) liebt es etwas dramatischer:

> Johannes hatte wieder einmal etwas Verbotenes gemacht.
> Ein dicker Mann hat ihn in seinem Auto mitgenommen und sagte: „Ich kann dich nach Hause bringen, ich weiß, wo du wohnst."
> Johannes dachte, alles ist in Ordnung, und ich muss nicht laufen, was er sowieso nicht gerne machte.
> Der dicke Mann fuhr aber in eine ganz andere Richtung. Er fuhr in den Stadtwald und Johannes bekam Angst.

*„Sie fahren ja gar nicht nach Hause", sagte er. „Doch, doch, ich mach nur noch
schnell einen Umweg, weil ich was besorgen muss", antwortete der Mann.
Immer tiefer fuhr er in den Wald. Und plötzlich blieb er stehen, und Johannes hatte so viel Angst wie noch nie.
Da kam im letzten Moment ein anderes Auto und Johannes schrie und lief
zu dem Auto. Er wurde dann wirklich nach Hause gefahren, und er hat gezittert.*

Aufgabe

▶ Schreibe eine Geschichte, in der du deinen Freund, deine Freundin einmal
aus großer Not gerettet hast. Es muss ja nicht wirklich passiert sein.

▶ Einmal hast du ein wirklich großes Abenteuer erlebt: welches? Was ist passiert? Wer war dabei?

▶ Kennst du jemanden, der schon einmal in Wahrheit ein Abenteuer erlebt
hat? Der es dir vielleicht erzählt hat? Was war das für ein Abenteuer?

16. Wunsch-geschichten

Geschichten sind manchmal sehr kurz.
Gefragt, welche drei Wünsche die Kinder
hätten, schrieben sie:

1. *Ich sollte ganz gut in Mathe sein.*
2. *Wir würden alles wissen und nicht in die Schule müssen.*
3. *Ich will mir immer etwas wünschen können.*

Oder:

1. *Alle Menschen sind Tiere.*
2. *Dass gerade jetzt niemand weiß, wie ich heiß.*
3. *Noch eine Millionen Wünsche mehr.*

Und:

1. *Kein Krieg mehr auf der ganzen Welt.*
2. *Dass ich an jedem Tag meines Lebens einen Wunsch frei habe.*
3. *Dass keine Kinder mehr missbraucht und getötet werden.*

Andere:

1. *Vier Kaninchen.*
2. *Ein Bauernhof samt Tieren.*
3. *Eine Billion Wünsche.*

Und diese Wünsche:

1. *Das Abitur bekommen ohne zu lernen.*
2. *Das Nokia 6310 i.*
3. *Eine neue Lokomotive für meine Modelleisenbahn.*

Und auch diese noch:

1. *Eine Waschmaschine*
2. *Gesundheit*
3. *Eine zweite Schwester*

Letzte Wünsche:

> 1. Dass meine Eltern ein eigenes Gestüt haben.
> 2. Dass es immer Frieden gibt.
> 3. Dass ich mir immer, wenn ich will, etwas wünschen kann.

Diese Wunschliste war die Vorstufe für eine Geschichte: „So wünsche ich mir meine Schule." Die Wunschschulen sahen zusammengefasst so aus:

> In meiner Schule darf man immer so viel essen wie man will.
> Es gibt dort nur Mathe-Unterricht.
> Die Lehrer müssen machen, was ich will und zwar immer.
> Man kann kommen und gehen, wann man will.
> Es wird immer nur geschrieben und gelesen.
> Es gibt genau eine Stunde Unterricht am Tag.
> Es gibt überhaupt keinen Unterricht.
> Es werden keine Mädchen mehr zugelassen.
> Die Schule ist wunderbar eingerichtet mit schönen Sachen.
> Die Lehrer dürfen niemals schreien.

Die Wünsche waren also doch weniger fantasievoll und ergiebig als gedacht. Um den sprachlichen Möglichkeitssinn zu entwickeln, muss man wohl anders vorgehen. Vielleicht so:

 Aufgabe

Schreibe eine Wunschbiografie. Stelle dir vor, heute wärst du 40 Jahre älter.

- Wie und wo würdest du gerne leben?
- Was wäre dein Beruf?
- Hättest du eine eigene Familie?
- Welche Hobbys hättest du?
- Worüber würdest du dich besonders freuen, worüber würdest du dich ärgern?

Jetzt versteckten sich die Kinder nicht mehr hinter altbekannten Lösungen („Ich wünsche mir, dass ich mir immer etwas wünschen kann.") oder hinter dem Wunsch, dass die Wunschschule überhaupt keine Schule ist.

Marlen schrieb:

> Ich hätte zwei Kinder und einen lieben Mann. Ich würde in einer Großstadt leben, aber am Rand. Ich wäre Schauspielerin und berühmt. Mein Beruf wäre auch mein Hobby. Aber ich würde auch viel lesen. Und ich hätte einen Hund oder zwei Hunde.

Frieder meinte:

> *Ich wäre bestimmt nicht verheiratet und hätte keine Kinder. Ich würde in Amerika wohnen oder in Frankreich. Ich hätte viele Autos und viele Freunde. Vielleicht wäre ich beim Fernsehen oder würde was mit Computern machen. Aber es könnte auch ganz anders sein.*

Es geht bei dieser Aufgabe auch darum, mit dem Konjunktiv zu arbeiten. Das fällt gar nicht so schwer, weil es an spielerische Formulierungen anknüpft wie: „Du wärst ein Polizist", „Ich wäre krank und müsste gepflegt werden". Oder: „Ich wär' gar nicht da!"

Bevor diese Möglichkeitsbiographie geschrieben wurde, probierten wir eine einfache Form des autobiographischen Schreibens. Die Kinder schreiben mir Briefe, damit ich sie ein bisschen kennen lerne.

 Beispiel

Mein Name ist Lena M. Ich wohne in der Goethestraße in Schwarzenfels. Meine Hobbys sind: Reiten, Fahrradfahren, Turnen und Schwimmen.
Ich bin 10 Jahre alt und gehe in die 4. Klasse. Ich habe 2 Schwestern, die sind 5 Jahre und Zwillinge. Julia kann schon allein Fahrrad fahren, aber Anne rennt schneller.
Ich gehe in die Erich-Kästner-Schule. Meine Lehrerin heißt Frau Baum. Sie ist sehr nett. Ich freue mich auf diesen Kurs.

Ihre Lena M.

 Weitere Briefe

Ich heiße Jeanette F. und habe einen Bruder. Ich bin 9 Jahre alt und wohne in Kronstetten. Ich habe einen Hasen und zwei Schildkröten. Meine Hobbys sind schwimmen, LESEN. Übrigens besuche ich die 4a der Fulda-Schule.
Meine Bruder heißt Tristan, ist zwei Jahre alt und ist ziemlich nervig.

Viele Grüße

Jeanette F.

Mein Name ist Florian. Ich habe einen Bruder. Der ist 5 Jahre alt. Ich gehe in die Peter-Härtling-Schule und bin 7 Jahre alt.

Ihr Florian

Man sollte diese kurzen Briefe nicht gering schätzen. Die Kinder haben geschrieben, was sie mitteilen wollten, und sie konnten sicher sein, dass ihre Briefe mit Interesse gelesen werden. Sie wollten später auch wissen, ob ich mir ihre Hobbys und andere Angaben gemerkt habe.

So wird das Schreiben – auch wenn es nur kurze Hauptsätze sind – in einem Kommunikationsverhältnis verankert. Auf diese Weise haben wir uns dann etwas ausführlicher mit dem Medium Brief beschäftigt.

Nahezu alle Kinder verfügen heute zu Hause über E-Mail. Entweder sie arbeiten selbst am Computer oder die Eltern helfen beim Schreiben und Versenden. Diese Tatsache kann man auf vielfältige Weise nutzen.

Aufgabe

Es wird eine Korrespondenzklasse gesucht, deren Schülerinnen und Schüler ihre E-Mail-Anschrift übermitteln. Durch ein Losverfahren bekommt jedes Kind der Klasse (wenn es aufgeht, sonst muss man unbedingt für Ausgleich sorgen) eine/einen E-Mail-Partnerin/-Partner. So kommen Korrespondenzen zustande, die den Kindern große Freude bereiten. Wenn diese E-Mail-Korrespondenz nur mit einzelnen Schülerinnen und Schülern möglich ist, sollte die Lehrerin, der Lehrer als Vermittlungsinstanz auftreten.

Ich plädiere hier für ein weltweites E-Mail-Netz, auch um die Korrespondenz in der Fremdsprache zu ermöglichen.

Dafür müsste eine E-Mail-Börse geschaffen werden, die von internationalen Organisationen einzurichten wäre. Wenn der Fremdsprachenunterricht an der Grundschule überall eingeführt ist, wäre es eine starke Motivationshilfe, wenn die Kinder lernten, auf Englisch mit Kindern in aller Welt zu korrespondieren. Wo das noch nicht möglich ist, sollten individuelle Lösungen gefunden werden.

17. Menschen beschreiben

Vom rudimentären autobiographischen Schreiben gelangen wir zum Beschreiben von Menschen. Wie kann man in der Primarstufe erste Merkmale einführen, ohne in stereotype Steckbriefe abzugleiten?

Auf die Frage, welches das wichtigste körperliche Merkmal eines Menschen sei, antworteten die meisten Kinder: „die Augen". Also beschäftigen wir uns mit ihnen:

- Welche Farben können Augen haben?
- Welche Form?
- Wie sehen die Augenbrauen aus?
- Wie ist der „Blick"?

Bevor Menschen beschrieben werden, sollte eine Liste erarbeitet oder vorgegeben werden, in der bestimmte Merkmale aufgeführt sind.

Aufgabe

Zähle auf, worauf du achtest, wenn du einen Menschen beschreibst. Beginne mit dem Kopf, aber denke auch an Angewohnheiten oder Besonderheiten eines Menschen.

So wird eine zunächst ziemlich lückenhafte Liste entstehen, die von der Lehrerin, vom Lehrer vervollständigt wird.

Bei den „Angewohnheiten" wird es noch schwieriger. Herr Krause hat einen schnellen Gang. Lars fasst sich immer in die Haare. Frau Dr. Kunz schüttelt oft den Kopf.

Aufgaben

▷ Beschreibe verschiedene Kinder aus der Klasse. Bei der Kleidung muss ein wenig gemogelt werden, damit es nicht zu leicht wird. Lies deinen Text vor. Werden die beschriebenen Kinder erkannt?

▷ Schreibe eine Geschichte, in der du die Personen so genau wie möglich schilderst. Achte darauf, dass du nicht nur „der dicke Mann" oder „die große Frau" schreibst, sondern dir so viele Merkmale wie möglich ausdenkst.

> ▶ Beschreibe dich selbst so genau wie möglich. Gib deinen Text einer Freundin, einem Freund, die oder der sich selbst auch beschrieben hat. Was sagt sie oder er zu deiner Selbstbeschreibung?

> ▶ Du bekommst ein paar Fotos mit Menschen aus unterschiedlichen Gegenden und Zeiten. Beschreibe die Menschen auf den Fotos oder Bildern.

> ▶ Teste deine Beschreibungskünste in deiner Familie. Was sagt z. B. dein Vater zu seinem Porträt? Wenn er nicht einverstanden ist, bitte ihn zum Ausgleich darum, eine Beschreibung von dir zu liefern. Dann merkt er, dass das ganz schön schwierig ist.

Folgenden Text schrieb Lisa über die Angewohnheiten von Menschen:

> *Ich ändere alle Namen in der Klasse, weil ich keinen Ärger bekommen will. Sven kratzt sich am Kopf. Manchmal richtig schlimm.*
> *Jeanette rennt immer sehr schnell in der Klasse herum. Ich weiß nicht warum, aber sie bewegt sich wie ein Rennauto.*
> *Cavin schüttelt die Haare aus dem Gesicht, das sieht richtig komisch aus.*
> *Johanna redet eigentlich immer. Mit ihrer Nachbarin und manchmal auch mit sich selbst. So viel, wie die redet, kann man gar nicht zuhören. Aber sie ist sehr nett und sieht eigentlich ganz gut aus.*
> *Kerstin hüpft, wenn sie geht.*
> *Herr Sommer reckt immer sein Kinn so komisch vor, als wenn er nervös wäre. Ist er eigentlich auch.*
> *Frau Daume räuspert sich so laut, dass man es in der ganzen Schule hört.*
> *Ich selbst habe auch einen Tick. Ich kaue an meinen Nägeln herum, und meine Mama wollte schon mit mir zum Arzt gehen. Aber dann lass ich es einfach sein.*

Durch das biographische Schreiben und die Versuche, Porträts zu entwerfen, verbessern sich relativ rasch alle Geschichten. Es ist erstaunlich, wie schnell Klischees und stereotype Charakterisierungen beim Schreiben verschwinden oder doch zumindest abnehmen.

18. Nach Bildern schreiben

Es werden große, markante Fotos oder Illustrationen gezeigt. Das Bild soll weniger beschrieben als erklärt werden. Welche Geschichte verbirgt sich hinter diesem Ausschnitt?

Sophia schaute sich das Foto einer Frau, an deren Hand ein kleines farbiges Mädchen mit einer Trompete ging, sehr genau an. Dann schrieb sie:

Das arme Mädchen Okola

Es war einmal ein armes Mädchen, das hieß Okola.
Ihre Familie war so arm, dass sie sich ihr Haus aus Müll zusammenbaute.
Als der Vater von Okola wieder einmal aufs Meer hinausfuhr und die Mutter beim Bach Wasser holte, war sie allein zu Hause.
Ihre Eltern hatten ihr noch zugerufen:
„Mach auf keinen Fall die Tür auf!"
Aber sie gehorchte nicht. Sie nahm ihre Minitrompete
(die hatte sie auf der Straße gefunden) und ging zum Markt.
Dort waren viele Leute, denn es war Montag.
Sie konnte nur eine Melodie spielen. Die hatte sie sich selbst beigebracht.
Viele Leute hörten ihr zu. Und die meisten warfen Geld in ihre kleine Holzschüssel.
Als sie wieder nach Hause gehen wollte, kam sie am Supermarkt vorbei.
Sie kaufte Brot und Wasser ein.
Die nette Kassiererin schenkte ihr sogar noch einen Lolli.
Als sie zu Hause angekommen war, war noch keiner da.
Sie legte für jeden eine Scheibe Brot auf den Tisch.
Als Mutter und Vater nach Hause kamen, freuten sie sich sehr über die unerwartete Mahlzeit.
Von nun an ging Okola jeden Tag zum Markt und verdiente etwas Geld mit dem Trompetenspielen.

Über diese Geschichte sprachen wir ausführlich. Auch die anderen Kinder hatten Not und Hunger auf dem Foto gesehen. Die Frau trug allerdings einen Pelzmantel, und das Kind hatte eine Spielzeugtrompete. Ganz vorsichtig fanden wir heraus, dass man sich das farbige Kind gar nicht anders als arm und hungrig vorstellen konnte. Vom Pelzmantel waren sie sehr überrascht.

 **Aufgabe**

Erzähle eine Geschichte nach dem Bild. Was passierte vorher oder nachher?

Dass man das ausgewählte Bild auch anders sehen kann, dass man sich „vergucken" und irren kann, zu dieser Einsicht sollte die Lehrerin, der Lehrer behutsam verhelfen.

19. Kleine Szenen schreiben

Zwei Kinder schreiben zusammen kleine Dialog-Szenen, die dann möglichst auch „aufgeführt" werden.

Die Vorgabe war: Papa und Mama streiten darüber, ob die neunjährige Tochter in einen Action-Film darf oder nicht. Julian und Lore lösten das Problem wie folgt:

Mama: „Hör mal, Paul, die Sabrina geht heute mit ein paar älteren Freundinnen ins Kino."

Papa: „Wie, ins Kino. Was für'n Film denn?"

Mama: „So'n Aktionsfilm mit Abenteuern und spannend soll er sein."

Papa: „Ab wie viel is'n der Film?"

Mama: „Weiß ich nich, aber dem Schröder seine Birgitta geht auch rein."

Papa: „Der gerade! Dem seine Kinder machen sowieso was sie wollen. Ich will wissen, ab wann der Film is. Meine Tochter geht nämlich nicht in Erwachsenenfilme, so lange ich was zu sagen hab!"

Mama: „Paul, warst du denn schon immer so brav? Ich glaub, du warst n'ganz Schlimmer, und jetzt darf die Sabrina gar nichts. Also komm, drücken wir mal ein Auge zu."

Papa: „Ich drück überhaupt nichts zu. Meine Tochter bleibt anständig und damit basta."

– Was der Papa nicht wusste: Der Film hatte schon angefangen, und Sabrina saß mit den Freundinnen im Kino.

Aufgabe

Schreibe einen kurzen Dialog:

▶ Oma ist empört über das Benehmen von Florian. Er hat „hässliche Wörter" benutzt und will sich nicht entschuldigen. Oma schimpft und meint, dass früher, zu ihrer Zeit, die Kinder so etwas nie getan hätten. Was sagt die Oma, was sagt Florian?

▶ Ein Herr ist mit seinem VW-Golf einem Mercedes hinten auf die Stoßstange gefahren. Der Mercedesfahrer springt aus dem Auto und fängt gleich an zu brüllen. Man sieht allerdings nicht den kleinsten Kratzer. Trotzdem will der Mercedesfahrer die Polizei holen, weil der Golffahrer jetzt auch noch „unverschämt wird". Schreibe die „Unterhaltung" der beiden Fahrer auf und teile dann noch mit, wie die Sache ausgegangen ist. Ist die Polizei gekommen?

▸ Marco und Lars haben die Nase voll. Sie wollen abhauen, am liebsten ganz weit fort bis Amerika oder noch weiter.
Marco fühlt sich von seinem Onkel, bei dem er wohnt, ungerecht behandelt. Lars bekommt in der Schule nur noch schlechte Noten und meint, die Lehrer seien daran schuld und hätten sich gegen ihn verschworen.
Die beiden unterhalten sich. Marco meint es ernst, aber Lars bekommt Angst und will es sich noch einmal überlegen.
Wie unterhalten sich die beiden?

Es sollten unbedingt kleine Auftritts- und Vortragsmöglichkeiten geschaffen werden. Die Erfahrung, dass ein geschriebener Text, wenn er laut und deutlich vorgetragen wird, Spaß machen kann und Anerkennung einbringt, ist wohltuend. Dass bloßes Herumalbern und Kichern kaum etwas einbringen, merkt man dann auch sehr schnell.

Auch klatschen und tratschen will gelernt sein. Wenn die kleinen Szenen „gespielt" wurden, geht es gleich mit Gerüchten weiter.

Frau A. und Herr B. treffen sich im Hausflur.

Frau A.: „Ach Gott, Herr A., da sind Sie ja."
Herr B.: „Ja, warum soll ich denn nicht da sein?"
Frau A.: „Sie sollen doch so einen schweren Unfall gehabt haben."
Herr B.: „Wer, ich?"
Frau A.: „Ja, natürlich, mit dem Auto vor den Baum und dann noch betrunken!"
Herr B.: „Jetzt hören Sie mal zu, Frau A. Wer hat Ihnen denn das erzählt?"
Frau A.: „Das sag ich Ihnen nicht. Hinterher heißt es noch, ich verbreite Gerüchte."

 Aufgabe

Für fortgeschrittene Gerüchteverbreiter:

Zwei Schüler treffen sich nach dreißig Jahren zufällig im Urlaub in Spanien. Sie haben viel Zeit. Jetzt ziehen sie über ihre Mitschülerinnen und Mitschüler her und erzählen sich, was aus ihnen und den anderen geworden ist. Nach dem Muster:

▶ „Und der Timo soll ja Taschendieb geworden sein. Stell dir das mal vor. Der reist in ganz Europa herum und klaut Brieftaschen. Na ja, der war ja schon immer so ein bisschen seltsam."

▶ „Und die Natascha hat nach Amerika geheiratet. Soll jetzt schon fünf Kinder haben und es geht immer weiter. Und sie soll drei Zentner wiegen wie alle Amerikanerinnen."

Wenn es nicht möglich ist, diese Texte vorzutragen, haben sie auch als „Stillarbeit" ihren Wert. Wenn zwei besonders interessierte und begabte Schreibkinder in der Klasse sind, schadet es nicht, wenn diese Kinder den selbst geschriebenen Tratsch-Dialog vortragen. Vielleicht spornen sie andere damit an, die erst am Beginn einer Schreibkarriere stehen. Will sagen: Wenn die fortgeschrittenen Kinder aus Rücksicht auf die anderen ihre Begabungen nicht öffentlich machen dürfen, dann erst entstehen Neid und Missgunst auf der einen, Angst vor den eigenen Fähigkeiten auf der anderen Seite.

Die Kunst besteht immer wieder darin, die begabteren Kinder nicht daran zu hindern, ihre besonderen Fähigkeiten zu zeigen und vorzuführen. Dass sie dabei nicht wie „Wunderkinder" behandelt werden dürfen, versteht sich von selbst. So bleibt es dem Gefühl und Geschick der Lehrerin, des Lehrers überlassen, wann die besonders begabten Kinder in Ruhe und für sich ihren anspruchsvolleren Schreibaufgaben nachgehen und wann es möglich ist, dass sie ihre Schreib- und Ausdruckskompetenz im Klassenzusammenhang artikulieren.

20. Satzglieder erkennen

Manchmal ist es angebracht, zwischendurch Übungen zum Erkennen von Satzgliedern durchzuführen.

 **Aufgabe**

1. Bilde fünf Sätze nach folgendem Muster:

   Die kleine Tochter meines Onkels hat sich vorgenommen, öfter zum Klavierunterricht zu gehen.

   Beispiel:
   Der große Bruder ihres Vaters hat beschlossen, nie mehr nach China zu fahren.

2. Bilde sechs Sätze nach diesem Muster:

   Frieder ist heute zu Hause geblieben, weil er die ganze Nacht gehustet hat.

   Beispiel:
   Natascha wird morgen ins Kino gehen, weil ihr Bruder sie mitnimmt.

3. Bilde sieben Sätze, in denen immer eine Verneinung vorkommt.

   Herr Krone ist so dick, weil er nie Diät macht.

   Beispiel:
   Johanna ist traurig, weil keiner mit ihr spielt.

   Es wäre gut, wenn du möglichst viele verschiedene Wörter der Verneinung benutzen würdest, wie

   ▶ nie,
   ▶ niemals,
   ▶ niemand,
   ▶ keiner ...

Aufgabe

In den folgenden acht Sätzen steckt irgendwo ein Fehler. Finde ihn bitte, streiche ihn dick an und verbessere ihn:

1. „Das fängt ja gut an", sagte der Bauer wie er die tote Kuh sah.

2. Das Hochhaus ist wirklich sehr hoch, mindestens fünf mal so hoch als ein normales Haus.

3. „Wer hat denn dieses hässliche Wort an die Tafel geschrieben?", fragte die Lehrerin als sie in die Klasse kommt.

4. Wer seine Hausaufgaben gründlich macht, braucht in der Schule nur die Hälfte lernen.

5. Das rosarote Auto fuhr viel schneller als wie erlaubt.

6. Ein gutes Frühstück ist sehr wichtig, dass man den ganzen Tag über gut drauf ist.

7. Äpfel und Birnen kann man nicht vergleichen, weil sie nicht groß genug sind.

8. Im achten Satz ist überhaubt kein Fehler.

21. Am Anfang ist das A

Am Anfang ist das A. Wir haben Wörter gesucht, in denen nur eine Sorte Vokale vorkommen darf: das A, z. B. wie bei Ananasschnaps. Man nennt das „Monovokalismus". Bei dieser Übung wird der Sprachspeicher durchsucht, und sie macht den Kindern unglaublich viel Spaß.

Die Kinder fanden Namen:

> Sascha, Tatjana, Tamara, Jan, Anna, Frank, Franz, Max, Jana, Hans, Adam, Sandra, Abraham, Mama, Papa

Sie fanden Nomen:

> Fahrrad, Ananas, Schnaps, Raps, Hanf, Abfall, Hang, Saal, Ball, Platz, Sandmann, Hand, Wart, Rat, Salat, Sand, Strand, Stadt, Lava, Rand, Wand, Jahr, Stand, Nacht, Ast, Alarm

Und Adjektive:

> alt, arm, wahr

Zaubersprüche, seltsame Wörter:

> abracadabra, Alhambra, Bagdad, Akaba, aha

Zusammengesetzte Wörter:

> Ananasschnapsglasrabatt, Handballplatzwartrad, Sandstrandrand, Sandlandschaft, Abfallhang, Ballsaal

Es kam ein regelrechtes A-Fieber auf, das sich über Wochen hinzog. Dann kam Amalfa. Das ist eine Zauberhündin, die am allerliebsten Wörter isst, in denen nur A als Vokal vorkommt.

Zu Beginn der Schreibwerkstatt wurde immer erst Amalfa mit As gefüttert. Die Kinder brachten reichlich A-Futter mit.

Aber Amalfa hatte das auch verdient, denn sie stach durch gute Taten hervor.

Wenn es so etwas wie ein „Schreibmaskottchen" gibt, dann war es Amalfa, die Zauberhündin. Sie wurde in die Werkstatt integriert, gemalt, beschrieben. Man tat so, als gehöre sie dazu.

Folgender Fortsetzungstext wurde vorgegeben:

> Eines Tages ging ich im Wald spazieren. Ich hatte mich verlaufen, und meine Eltern machten sich bestimmt Sorgen. Ich lief immer tiefer in den Wald, fand aber nirgends den richtigen Weg. In meiner Not fing ich an zu weinen ...

Und so wurde der Text weitergeschrieben:

Von Celina:

> ... Plötzlich tauchte Amalfa auf. Sie fragte: „Was ist mit dir los?" Ich antwortete: „Ich habe mich verirrt." Amalfa fragte, ob sie mich nach Hause bringen sollte. Ich sagte: „Ja, ich bitte dich darum." Als ich wieder bei meinen Eltern war, freuten wir uns sehr. Ich wollte ihr ein paar Fleischreste geben, aber von Amalfa war nichts zu sehen.

Von Veronika:

> ... Plötzlich traf ich einen Hund. Ich dachte, er wollte mich beißen, aber es sah so aus, als wollte er mir helfen. Der Hund war Amalfa, das merkte ich aber nicht.
> Der Hund sprach: „Ich kann dir helfen, aber du musst mir sagen, was los ist." Ich sagte was los ist, und er brachte mich nach Hause.

Von Jenifer:

> ... Plötzlich kam Amalfa und machte sich unsichtbar. Aber die Nase blieb noch da. Ich ging ihrer Nase hinterher. Da war das Ende des Waldes. Amalfas Nase hatte mich zum Weg nach Hause gebracht. Ich klingelte und meine Mutter machte mir die Tür auf. Meine Mutter war froh, dass ich wieder da war.

Von Patricia:

> ... Plötzlich tauchte ein Hund auf. Amalfa. Sie zerrte an meinem Pulli. Anscheinend wollte sie, dass ich ihr folge. In der Dunkelheit erkannte ich nicht, dass es Amalfa war. Vorsichtshalber folgte ich ihr. Äste knackten, und das feuchte Moos unter mir und die knatschige Erde patschten. Auf einmal sah ich hellen Schotter unter meinen Füßen. Ich war wieder auf dem richtigen Weg. Weil ich selber einen Hund hatte, hatte ich noch ein paar Froliks in der Tasche. Ich wollte Amalfa eins geben, doch sie war weg.
> Doch Amalfa kam wieder und verlangte, dass Geschichten über sie geschrieben werden.

Patricia schrieb:

Als Amalfa einmal in Gefahr geriet

„Dring! Dring!", klingelte das Telefon. Mister Maurice stand mies gelaunt von seinem Sessel auf. „Städtischer Hundefänger, Maurice, guten Tag", brummte er in den Apparat und sah dabei aus, als hätte er keine große Lust, zu reden, und das hatte er auch nicht. Doch plötzlich lächelte er verschmitzt.
Wenig später waren die Hundefänger unterwegs. Amalfa ging gerade spazieren. Da sah sie die Hundefänger und lief schnell weg. Doch es war schon zu spät. „Schwupp!", schnappte die Falle zu, und Amalfa war gefangen.
Da kam Julian vorbei. Maurice war sein Onkel, aber er konnte diesen Job überhaupt nicht leiden. Doch was konnte er dagegen tun? Auf einmal hörte er das Fiepen aus einem Loch in der Nähe. Es dauerte zwar einige Momente, bis er Amalfa gefunden hatte, aber dann wusste er sofort, was zu tun war. „Warte hier auf mich!", sagte er. Was denkt der denn? Könnte Amalfa einfach weglaufen, dann hätte sie es längst getan. Aber na ja! Als Julian wieder zurück kam, hatte er ein Seil dabei. Schnell ließ er es zu Amalfa in das Loch hinunter. Das war zwar eine ziemlich gute Idee, doch Amalfa hatte nun mal keine Hände und konnte an dem Seil nicht hochklettern.
„Ich hab's!", rief Julian und band einen Korb an das Seil, in den Amalfa einfach hineinkrabbeln konnte. Und das tat sie auch. Langsam zog Julian das Seil wieder hoch. „Danke! Wenn du einmal meine Hilfe brauchst, dann ruf mich. Ich heiße Amalfa", sagte sie und lief weg.
Julian blickte ihr noch lange nach, dann ging er nach Hause.

Celina machte es kürzer:

Vor einer Woche auf dem Markt war eine alte Frau. Hinter ihr war ein Dieb. Er riss der armen Frau die Handtasche aus den Händen und aus dem Nichts tauchte Amalfa auf und biss den Dieb so sehr, dass er ohne Tasche davonrannte. Die Frau wollte sich bei der Retterin bedanken, doch nichts war von ihr mehr zu sehen.

Ähnlich setzt Patricia die Zauberhündin ein:

Amalfa, der Dieb und die alte Dame

Es war einmal, eher gesagt am 1.1.1901, in einer kleinen Stadt ein Markt. Dort gab es Schuhe, Hüte, Fleisch und vieles mehr. Frau Sausundbraus brauchte mal wieder Wolle, um für ihren Enkel Socken zu stricken. Sie schlenderte mit ihrer schwarzen Lederhandtasche über den Markt. Plötzlich stand ein Handtaschendieb hinter ihr. Frau Sausundbraus schrie auf. Wie aus dem Nichts tauchte Amalfa auf und biss den Dieb in die Wade. Frau Sausundbraus drehte sich um, um sich zu bedanken, doch Amalfa war weg. Den Dieb hat man übrigens nie mehr gesehen.

Andersherum geht es bei Jennifer:

Einmal ging Amalfa auf dem Markt spazieren, um zu sehen, ob sie helfen konnte. Auf einmal blinkte ihre Nase. Das hieß, dass sie in Gefahr ist. Ein Hundefänger war hinter ihr her. Sie drehte sich um und sah ihn. Amalfa versuchte davonzulaufen, aber der blöde Hundefänger war ziemlich schnell. So schnell er konnte, rannte er hinter Amalfa her, packte im Rennen seinen Sack aus und schnappte sich Amalfa. Amalfa wusste jetzt nicht mehr, was sie tun sollte. Sie versuchte, den Sack durchzubeißen. Als sie es geschafft hatte, saß sie wie in einem Gefängnis. Amalfa jaulte schrecklich. Da sah eine Frau Amalfa und sagte: „Lassen Sie sofort den Hund frei!". Der Hundefänger bekam einen Schrecken und ließ Amalfa frei.

Celina baute die Fütterung mit A-Wörtern in ihre Geschichte ein:

Amalfa küsst Amalf

Amalfa ging am 4. April 2003 spazieren und traf einen anderen Zauberhund. Sie fragte nach seinem Namen. Er sagte: „Ich heiße Amalf." Er sieht schön aus, dachte Amalfa. Und Amalf sagte sich: „Sie ist sehr schön."
Am nächsten Morgen trafen sie sich wieder. Dieses Mal sagte Amalf: „Wer bist du denn?" Amalfa sagte: „Ich heiße Amalfa." Amalf fragte: „Willst du mit zur Schule? Die Kinder geben mir ihre Zettel mit ‚A'. Ich esse doch so gerne A-Wörter." Amalfa sagte: „Gerne, sehr gerne!" Als sie in der Schule waren, gaben ihnen die Kinder A-Wörter. Danach ging Amalfa in ihre Höhle. Amalf ging in seine Höhle.
Am Abend hatte ein Mäusebussard Amalfs Höhle zugeschüttet. Da zauberte Amalf sich frei. Als Amalfa das hörte, kam sie zu Amalf in die Höhle und guckte, ob alles in Ordnung war. Sie zauberte sich nach Hause und sagte: „Morgen gehe ich einkaufen. A-Wörter wie Max, Anna, Ananas, Glas, Gras und Schnaps."
Am nächsten Morgen sah sie Amalf und küsste ihn. Amalf fragte, was das soll. Amalfa sagte: „Nichts soll das", und lachte fröhlich.

Die Kinder staunten, als sie erfuhren, dass es in Paris eine Gruppe von Schriftstellern gibt, die zum Beispiel auch Wörter mit nur einem Vokal suchen und damit Texte schreiben, sogar ganze Bücher. GEORGES PEREC hat einen ganzen Roman ohne „E" geschrieben. Er hat auch einen ziemlich langen Text nur mit „A"-Wörtern geschrieben. Den Anfang dieses Textes lese ich vor, die Kinder finden das unglaublich komisch.

What a man!

Smart à falzar d'alpaga nacarat, frac à rabats, brassard à la Franz Hals, chapka d'astrakhan à glands à la Cranach, bas blancs, gants blancs, grand crachart d'apparat à strass, raglan afghan à falbalas, Andras MacAdam, mâchant d'agaçants partagas, ayant à dada l'art d'Allan Ladd, cavala dans la pampa ...

(Aus: BOEHNCKE/KUHNE 1993)

Amalfa müsste in Frankreich also keineswegs hungern. Sie könnte doch der Gruppenhund bei diesen Leuten werden.

 Aufgabe

Forsche nach diesen merkwürdigen Texten mit nur einem Vokal oder ohne ihn. Mit Hilfe deiner Lehrerin oder deines Lehrers kannst du solche Texte im Internet finden, aber auch in der Bibliothek. Wenn du der Bibliothekarin oder dem Bibliothekar genau sagst, wonach du suchst, dann hilft sie oder er dir bestimmt gerne weiter.

Nach der ausgedehnten A-Phase wurde mit den übrigen Vokalen experimentiert.
Der E-Zug wurde erfunden, in dem nur Wörter mit „E" fahren dürfen.

- Auch Leute wie Peter, Ernst, Pepe. Letten und Esten, aber nur die Besten. Ein Erpel fährt mit, eine Elster und auch eine Eberesche.

Es ist immer wieder sehr amüsant, die Ausrutscher zu diskutieren, die Wörter mit den kleinen Fehlern.

- Ein Esel steht rechts neben der Ecke.
- Und was ist mit dem „i" in „ein"? Ach so, das ist ein Schwarzfahrer!

Die Konzentration auf diese merkwürdigen monovokalistischen Wörter fällt schwer. Und dann macht es so viel Spaß, dass E-Wesen erfunden werden, über deren Vorkommen in entfernten Regionen ausschweifend diskutiert wird.

- Wenn es Seepferde und Seekühe gibt, dann auch Seeesel – mit drei „e" hintereinander. Gibt es aber nur in der Nähe von Madagaskar, wohin Amalfa einmal fahren will.
- Der Zwergbergeber lebt in Tibet. Essen Seepferdchen Entenleber? Seepferdchen essen Entenleber wegen des Fetts, wenn Seepferdchen Entenleber wegen des Fetts essen, weswegen essen Regenkletterer Pferdesehnen?

Die „zwanghafte" Methode führt die Fantasie in die allerschönste Wortbastelei. Immer müssen die passenden Wörter gesucht und gefunden werden, stets sind beim Schreiben Regeln zu beachten. Manchmal führt eine strenge Regel (Wörter mit einem einzigen Vokal) zu Wörtern und Sätzen, die sonst nie zustande gekommen wären.

Beim „i" kommen alle gleich auf „igittigitt". Manche Vokale scheinen schon von sich aus etwas zu bedeuten. „O, o", sagt man, wenn man jemanden sanft ermahnt, mit „a" staunt man, bei „u" wird es unheimlich, und „i" ist, wie gesagt irgendwie spitz und ein bisschen unappetitlich.

 Weitere Aufgabe

Schreibe so etwas Ähnliches wie ein Gedicht. In der ersten Zeile haben alle Wörter nur den Vokal i, dann folgen o, u, e und a.

Das könnte etwa so aussehen:

 Beispiel

Schlimm, wie sie im Spind liegt die Mimi.
Oh, oh, wo Otto so doof prollt, so doof!
Und ulkt und spuckt und zuckt, uh.
Wenn's geht, leg' dem Ernst Gespenster neben's Bett!
Ach, was macht das Spaß.

Solche Überlegungen und Aufgaben führen zu der folgenden Übung, die darüber belehrt, wie souverän manche Grundschulkinder mit Sprache umgehen können.

22. Lautpoesie, Fantasiesprache

 **Aufgabe**

Schreibe einen Text in einer erfundenen Sprache.

Die Sprache im folgenden Dialog heißt Salbre. Sie wird von den Salbrinern gesprochen. Sabrina hat den Dialog verfasst, und sie hat für jedes Wort blitzschnell eine Entsprechung im Deutschen gefunden. „Ki" heißt „ja". Mehr hat sie nicht verraten.

K.: Imbro Salate via Niso?
M: Saly man varanta!
K.: Imbro Salate via Niso?
M.: Marosimpa qu?
K.: Manuel Salie marosimpa?
M.: Ki, menko.
K.: Menko bra.

Patricia hat die „espilamonische Sprache" erfunden. Auch der folgende Dialog, sie nennt ihn „Fantasiegespräch", lässt sich mühelos übersetzen. Man muss nur die Bedeutungen der Wörter kennen. Dass es in dem Dialog hoch hergeht, erschließt sich sofort:

V.: tan dwirni!
M.: odie ... halla kuum!
V.: eventa tukarie?
M.: a koko sani bumm.
V.: e luni ... bonausi?
M.: nokk! Elevur!
V.: pakanaka sum? Hon twimbotak?
M.: ajo! Hanki bell!
V.: anbosie? Miiif ...
M.: otkem tai! Nova?
V.: badog simm!
M.: ajikon! Baubonn ... beski?
V.: annmak!! Simokka?
M.: nakolaa!!!

V./M.: tonbokk!!!

Unschwer errät man, wer mit „M." und „V." gemeint ist. Die meisten Fragen stellt der Vater, die Mutter antwortet sehr bestimmt und zum Schluss scheint ein gemeinsames Statement erreicht.

Rosa lässt die Mutter fragen, der Vater weiß die Antworten. Auch sie hat dem Fantasiedialog eine Bedeutung unterlegt:

M.: Manakolisto anotilastro?
V.: Utra pukalaschu ontrand.
M.: Onatro makolino Maschaka?
V.: Honaso kaliko enewur akrako!
M.: Etritalo jimoschana?
V.: Sotranto schieh schieh.
M.: Mafronsa ajalivo Gaschbai?
V.: Onda sahondra schaschiko.
M.: Mokka tansio nondra Biah?

V./M.: Masindro enikota.

Solche Dialoge entfalten ihre bezwingende Musikalität und Eindringlichkeit nur, wenn sie laut gelesen werden.

An dieser Stelle wird neben dem Journal ein zweites, sehr nützliches Hilfsmittel empfohlen: ein Kassettenrekorder oder ein anderes Aufzeichnungsgerät. Auch wenn nur einzelne Kinder mit den Schreibaufgaben konfrontiert werden und das Vorlesen in der Klasse entfällt, ist der Einsatz eines Rekorders sinnvoll. Die stumme Schreibtätigkeit sollte immer wieder von gesprochener Sprache unterbrochen werden. Die Texte der Kinder werden so auf stabilere Weise angeeignet. Beim Lesen der Fantasiegespräche hatten die Kinder mit dem freien, deklamatorischen Vortrag keinerlei Probleme. Das sorgfältige Sammeln der Texte in Mappen, die Herstellung von Büchern oder Heften verleiht den Arbeiten der Kinder eine zusätzliche Dimension. Das gilt auch für Sprachaufnahmen, die auf CD-ROMs gebrannt werden. Kleinere Szenen, Gedichte und Fantasiegespräche ergeben dann Tondokumente, die einen hohen Reiz haben.

Als Vorstufe zu den lautpoetischen Texten haben wir uns mit Lautmalerei beschäftigt. Offenbar gibt es Lautfolgen, die keine Bedeutung haben, sondern als Klänge und Geräusche so aufgeschrieben werden, wie man sie hört.

 **Aufgabe**

Sammle Tierstimmen, Arbeitsgeräusche oder andere Klänge und versuche, sie aufzuschreiben.

Dabei kamen höchst unterschiedliche Versionen zusammen:

Schweine machen: „qikqikqik", „och, och, quiek, quiek", „chroh, chroh, kjiek, schmaz, schmaz", „chrrrr, chrrrr, chrrrr".
Katzen sind sich einig, sie machen allesamt: „miau, miau". Hunde artikulieren außer „wau, wau" noch „chchch, grrrrr" oder „uwwa, uwwa".
Vögel machen, wenn sie langweilig sind: „piep, piep, piep", wenn sie etwas aufmerksamer belauscht werden: „zilp, zilp, tirili, tirili, gurrit" oder sie pfeifen. Das kann man aber nicht aufschreiben, es sei denn, man kann Notenschrift.

Aufgabe

Geräusche hören und aufschreiben

Du machst die Augen zu und lauschst. Schreibe auf, was du gehört hast.
Z. B.: Kinder lachen, schwätzen, schreien. Ein Staubsauger. Ein Flugzeug. Autos. Eine Tür geht zu. Ein Mann sagt irgend etwas.

Am Nachmittag gehst du mit deinem Journal in die Stadt. Wir machen einen Punkt aus, an dem du stehen bleibst und zehn Minuten lang die Geräusche aufschreibst, die du hören kannst.
Am nächsten Tag gehst du an einen anderen Platz, bleibst zu Hause, „erlauschst" deine Straße oder gehst in den Park. So entsteht eine Geräuschekarte deiner Umgebung. Wenn es möglich ist, notiere die Geräusche wie Tierstimmen: brrrrummm, fitschsch, knackknackknack, sssssssitttt.
Wenn das nicht möglich ist, beschreibe die Geräusche und schreibe auf, was dir gerade dazu einfällt.

Ein Flugzeug ist am Himmel. – Ist das alles? Nein, es brummt oder knallt oder donnert.
Autos fahren vorbei. – Aha, tun sie das? – Sie sind laut, sie hupen, wenn sie Gas geben, hört man es. Ich kann das Geräusch nicht beschreiben. Sie machen Krach wie sonst etwas.

Solche Übungen zwischen Lautmalerei, akustischen Verben, Vergleichen und Sprachlosigkeit sind eine gute Einführung in die Transformation von Wahrnehmung in geschriebene Sprache und damit in die Literatur. Man kann dabei eine interessante Erfahrung machen: Wenn ich es aufschreiben muss, dann höre ich es, dann kann ich Autos von Baumaschinen unterscheiden.

Wenn ich eine Sprache erfinde, habe ich ein Geheimnis. Es gibt Wörterfinder, die kein Geheimnis haben wollen, sondern, dass die Wörter jeder kennt. Vor allem aber die Dinge, die mit den Wörtern gemeint sind.

23. Im Kaufhaus schreiben

Die Übung beginnt unstrukturiert. Mit dem Einkaufswagen werden Markennamen, Produktbezeichnungen und Werbesprüche gesammelt.

 **Aufgabe**

Gehe mit dem Journal ins Kaufhaus und sammle Markennamen.

Das Ergebnis könnte zum Beispiel so aussehen:

Fewa, Pril, Klar, Ata, Fuego, Mondamin, Aleni, Nike, Puma, Chiquita, Fanta, Mars, Kitkat, Duplo, Sprite, Magnum, Valensina, Erlenhof, Dreizack, Zwilling, Pez, Milka, Lindt, Suchard, Toblerone, Bounty, Onken, Schwälbchen, Coeur de Lion, Meule d'Or, Weihenstephan, Schwartau, Händlmaier, Kochs, Milchland, Biogurt, Nimm zwei, Husteletten, Dextro Energen, Energy Drink, Täglich genossen, Balsam für die Füße, Weich mit der Schaumeinlage, Das mag Papa, Wutschschsch – das flutscht, Einmal gegessen – nie vergessen, Hakle feucht, Käse aus Bayern, Frisch auf den Tisch, Ciabatta ...

Jetzt werden die gesammelten Wörter strukturiert. Wir unterscheiden vier Kategorien:

1. Produktnamen, wie z. B.: Ciabatta
2. Marken, wie z. B.: Nike
3. Markennamen, die zu Produktnamen geworden sind, wie z. B.: Mondamin
4. Werbebotschaften, wie z. B.: „Nimm zwei", „Für meine Zukunft seh' ich blau."

Nun sind wir auf dem Weg zu einer Enzyklopädie der Waren und zu Wörtern, die im Zusammenhang mit diesen Waren existieren, aber das Bezeichnete nicht bloß abbilden, sondern um die Waren herum Sprachspiele aufführen.

Reine Markennamen wie Ata, Duplo oder Pez erinnern zuerst an die selbst erfundene (Fantasie-)Sprache. Allerdings stehen diese zum Teil schön klingenden Wörter in einem Zusammenhang zu den Waren. Sie sind Fantasiewörter, bezeichnen aber bestimmte Waren oder Warengruppen.

Es kommt bei den Ordnungsversuchen innerhalb der Warenenzyklopädie nicht darauf an, irgendwelche theoretischen Beziehungen zwischen Wörtern und Sachen zu erkennen; es bietet sich jedoch an, die den Kindern vertraute Vielfalt an Produkten aufzugreifen, um mit Listen, Differenzen, selbst zusammengestellten Ordnungen und Wörtern zu experimentieren. Es gibt wohl keinen Ort, der so viele unterschiedliche Dinge zusammenbringt wie ein Kaufhaus. Und keinen Ort, in dem so viele latente Geschichten zu finden sind.

Eine „Warenliste" könnte z. B. auch so aussehen:

 Beispiel

Schokoladensorten, ungeordnet

Zartbitter
Vollmilch
Krokant
Pralinen
Kokosschokolade
Kakao
Nussschokolade
Orangenschokolade
Zitronenschokolade
Schokoladenpudding
Schokoriegel
Schokojogurt
Sportschokolade
Hauchzarte Täfelchen
Blockschokolade
Kouvertüre
Luftschokolade
Marzipanschokolade
Borkenschokolade
Schokostreusel
Nutella
Nusspli
Milky Way
Twix
Snickers
Hanuta

24. Warengeschichten

Zunächst wird ein Forschungsauftrag erteilt:

 **Aufgabe**

Sammle Obst und Südfrüchte. Gehe mit deinem Journal in den Supermarkt oder ein Fachgeschäft und suche nach Obst und Früchten aus fremden Ländern, z. B.

- ▶ Bananen,
- ▶ Orangen,
- ▶ Clementinen,
- ▶ Mandarinen,
- ▶ Khaki,
- ▶ Kiwi,
- ▶ Paranüsse,
- ▶ Erdnüsse,
- ▶ Papaya (ein A-Wort für Amalfa!)
- ▶ und viele andere …

1. Schreibe möglichst viele Früchte auf.
2. Interviewe die Marktleiterin/den Marktleiter, eine Fachverkäuferin. In dem Interview soll gefragt werden, woher die Früchte kommen, wie sie transportiert werden, was sie kosten und wie viele verkauft werden.
3. Beschreibe die Früchte und zeichne bzw. male sie.
4. Welche ist deine Lieblingsfrucht?
5. Suche dir eine Frucht aus und schreibe eine Geschichte über sie: Was du weißt, was du dir ausdenkst, was du am liebsten isst.

In weiteren ähnlich strukturierten Forschungsaufträgen können andere Produkte im Mittelpunkt stehen, z. B.:

Was wird aus Milch gemacht? (Die Kinder können die Fachverkäuferin fragen.) – Butter, Quark, Buttermilch, Käse, Jogurt, Dickmilch, Kefir, Milchmischgetränke …

Die Kinder sollen möglichst viele Produkte, die im Kaufhaus gefunden werden, untereinander als Liste aufführen.

● Woher stammt das Wort Kefir?

● Was ist Jogurt? ...

In einem zweiten Arbeitsgang schreiben die Kinder jeweils hinter das Milchprodukt, was sie herausgefunden haben.

Die Kinder werden als kleine Forscher und Frager sehr ernst genommen. Sie machen eine richtige, umfangreiche Jogurt-Untersuchung. Vielleicht finden sie heraus, dass man den Pilz auch zu Hause ansetzen kann, dass es mageren und fetten Jogurt gibt, mit Zucker gesüßten, mit Süßstoff gesüßten, naturbelassenen und bearbeiteten.

Schreiben soll auch als Notieren, Auflisten, Protokollieren, Beschreiben kennen gelernt und geübt werden. So dient es als ein nützliches Hilfsmittel, um Dinge zu ordnen und zu klassifizieren.

Im Kaufhaus begegnen die Kinder auch den Strichcodes auf den Waren. Wie funktioniert das? Wie hat man das früher gemacht? Was ist ein Laser? Das hat auch etwas mit Aufschreiben, Notieren, Klassifizieren zu tun. Es geht nur schneller.

Aufgabe

Schokoladengeschichte

Studiere im Supermarkt die unterschiedlichen Schokoladen-Angebote.

Notiere alles in deinem Journal so durcheinander, wie es in den Regalen liegt:

▶ Vollmilch, Halbbitter, Zartbitter, Pralinen, 100-Gramm-Tafel, Großpackung ...

Schreibe die Schokoladenmarken auf:

▶ Suchard, Milka, Lindt, Ritter Sport ...

Ordne dann nach:

▶ Geschmacksarten,
▶ Größe der Tafeln,
▶ Marken,
▶ Preisen,
▶ Zutaten (Nüsse, Krokant).

Welche neuen Wörter tauchen auf?

▶ Krokant, Halbbitter, Trüffel ...

Beantworte nun folgende Fragen:

▶ Woher kommt das Wort Schokolade?
▶ Wie heißt das Indianerwort für Schokolade?

> ❱ Woraus wird Schokolade gemacht?
> ❱ Woher kommt der Kakao?
> ❱ Was wird aus Schokolade gemacht? (Figuren wie Osterhasen und Weihnachtsmänner und was noch?)
> ❱ Macht Schokolade nur dick oder auch glücklich?
> ❱ Welche Werbung kennst du für Schokolade? Z. B.: „Quadratisch, praktisch, gut". Für welche Schokolade wirbt der Spruch?

Nach dieser Forschungs- und Ordnungsphase, in der ganz unterschiedliche Formen von Listen, Rubriken und Aufzählungen ausprobiert werden können, in der sehr viel erfragtes Wissen verarbeitet wird, werden Schokoladengeschichten geschrieben:

☀ Aufgabe

Schreibe eine Schokoladengeschichte. Beispiele:

> ❱ Als eine Tafel Schokolade einmal Herrn Lehmann vor dem Verhungern bewahrt hat.

> ❱ Als ich einmal 100 Tafeln Schokolade zum Geburtstag bekommen habe.

> ❱ Als ein Schokoladenosterhase einmal die Flucht ergriffen hat.

Also erst, wenn die Kinder sich durch die Forschung gefuttert haben, wenn sie geordnet, aufgezählt, erklärt, beschrieben haben, dann folgen als Dessert die Schokoladenfantasiegeschichten.

Es geht auch andersherum. Wichtig ist aber, dass unterschiedliche Formen des Fragens, Ordnens, Notierens ausprobiert werden.

Übrigens haben Kinder der Primarstufe nichts dagegen, als „Forscher", „Schriftsteller" oder „Warenhausspezialisten" angesprochen zu werden. Im Gegenteil bevorzugen sie ernsthafte und anstrengende Tätigkeiten, die mit dem Schreiben verbunden sind.

Im Kaufhaus oder Supermarkt warten unendlich viele Aufschreibarbeiten.

☀ Aufgabe

> ❱ **Apfel-Forschung**
> Wie viele Apfelsorten gibt es? Wo stammen die Äpfel her?

> ❱ **Wurst-Forschung**
> Wie viele Wurstsorten kann man unterscheiden? Die Fachverkäuferin erklärt es gerne. Der Schinken stammt aus Italien oder aus Spanien. Die Salami? Woher stammt die? Woher stammt das Wort?
> Was heißt „Fettanteil"? Schmeckt fette Wurst anders als magere?

▶ **Käse-Forschung**
Welche Käsesorten gibt es? Aus welchen Ländern kommen die einzelnen Sorten? Wie wird Käse gemacht? Was ist Schimmel-Käse? Warum ist er nicht giftig? Was ist Rohmilch? Gibt es auch gekochte Milch im Käse? Was ist Kochkäse? Welche Käsegerichte kennst du? Wo stammt das Fondue her?

▶ **Brot-Forschung**
Welche unterschiedlichen Brot- und Brötchensorten gibt es? Was ist Roggenbrot? Sauerteig? Vollkorn? Kennst du Pumpernickel oder Knisterbrot, Früchtebrot, Baguette – was für ein Wort? Ciabatta, wie spricht man das aus?

▶ **Ein Brot-Protokoll führen**
Wie viel Brot oder Brötchen isst du am Tag? Welche Sorten? Wer kauft ein? Welche Brotsorten essen die anderen bei dir zu Hause? Wird das Brot getoastet?

Nach der Einführung in die Warenkunde, Forschungsarbeiten und Produktgeschichten können verblüffende Einkaufszettel, z. B. für die Mutter geschrieben werden.

Aufgabe

Schreibe einen Einkaufszettel mit seltenen, schwer zu findenden Sachen wie z. B.:

▶ Sago,
▶ Chili-Schokolade,
▶ Dijon-Senf,
▶ Berberitzen.

Um einen möglichst komplizierten Einkaufszettel zu schreiben, den du deiner Mutter überreichst, kannst du in einem Geschäft nach den ausgefallensten Waren fragen, die kaum noch jemand kennt, die kaum jemand kauft. Zu Hause kannst du dann mit den seltenen Sachen ein kleines Quiz veranstalten:

▶ Was ist Aga Aga?
▶ Woraus besteht Curry?

25. Geschichten mit Wörtern und Bildern

Wenn die Kinder das Kaufhaus als Inspirationsquelle für unterschiedliche Schreibweisen kennen gelernt haben, können sie als Geburtstagsgeschenk oder Jahresarbeit Produktalben oder Bücher anfertigen.

In ein Schokoladenalbum werden selbst gemachte Fotos geklebt und mit erklärenden Texten und Geschichten versehen. Auch Zeichnungen und bunte Bilder bieten sich als weitere Verzierung an. Exotische Schokoladenkreationen (Chili-Schokolade gibt es wirklich!) werden beschrieben, Rezepte für ausgefallene Kakaogetränke oder extrafeinen Schokoladenpudding runden die Sache ab.

Auf das Etikett der Alben oder Bücher können die Kinder den Adressaten schreiben oder ganz allgemein: „Was ich über Schokolade weiß".

Wenn das Schreiben eingebettet ist in andere Darstellungsformen und wirklich existierende soziale Beziehungen, dann entsteht nicht weniger, sondern mehr Arbeit. Aber auch nicht weniger, sondern mehr Schreibkompetenz. Der Stolz auf ein dickes Schokoladenalbum mit eigenen Texten, Fotos, Interviews, Rezepten, eingeklebten Papieren und Verpackungen schafft einen Schreibschub, der in seiner Motivationskraft gar nicht überschätzt werden kann.

Zu Geschenkalben kann man im Kontext vieler in diesem Buch gemachten Schreibvorschläge und Aufgaben anregen. Wie Briefe, Texte für die Zeitung, Geschenktexte oder Beiträge für die Klassenchronik verbinden sie die oft mühevolle Schreibarbeit mit einem Empfänger und werden so Teil eines sozialen Kommunikationsaktes. Das bedeutet nicht, dass auf Übungen zu verzichten wäre, die allein der Verbesserung der individuellen Schreibkompetenz dienen. Aber gerade schreibbegabte Kinder sind an weiterführenden Projekten interessiert. Sie wachsen mit ihren Arbeiten gern über sich hinaus.

26. Der Rekorder

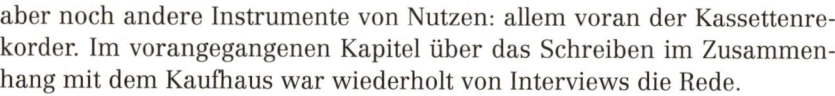

Auf Bücher, die in eine kleine Bibliothek der Hilfsmittel gehören, wurde schon hingewiesen. Es sind aber noch andere Instrumente von Nutzen: allem voran der Kassettenrekorder. Im vorangegangenen Kapitel über das Schreiben im Zusammenhang mit dem Kaufhaus war wiederholt von Interviews die Rede.

Diese journalistische Technik erweist sich als gute Schule des Zuhörens. Rekorder und Mikrofon befinden sich meist im Familienbesitz; nicht selten sind dort auch improvisierte Studios zu finden, in denen am Computer geschnitten, gebrannt und produziert wird. Diese Hobbys können durch die Schreibarbeiten der Kinder aufgewertet werden. Sinnvollerweise wird der Computer mit allen seinen kommunikativen Möglichkeiten in den Schreibunterricht integriert. Das geschieht auch ohne explizite Aufforderung der Lehrerin, des Lehrers. Der produktive Zusammenhang von Sprechen, Zuhören und Schreiben kann so stabilisiert werden. Die Produktion eines Hörbuchs mit den interessantesten Texten eines Kurses, eines Schuljahrs oder eines einzelnen Schülers oder einer Schülerin ist heute keine medienutopische Spielerei, sondern eine sinnvolle und leicht zu realisierende Sache.

Neuere Überlegungen, Eltern und Umwelt stärker in die Schule einzubeziehen, finden hier vielfältige Realisierungschancen. Mit Textsammlungen, Tondokumenten, Alben und Büchern sind außerschulische Leser und Zuhörer besser zu erreichen als mit reproduktiven Schreibübungen, die niemanden wirklich interessieren.

Aufgabe

Produziere ein Hörbuch. Bitte deine Lehrer, Freunde, Eltern, Verwandten ..., ihren Lieblingswitz, ihr Lieblingsgedicht, ihre Lieblingsgeschichte für dich ins Mikrofon eines Rekorders zu sprechen. Du selbst sprichst die Zwischentexte, z. B.: „Und jetzt erzählt Mama den einzigen Witz, den sie kennt." Oder: „Mein Deutschlehrer spricht jetzt ein Gedicht, das wir schon mal auswendig lernen sollten."

Du kennst bestimmt jemanden, der deine Aufnahmen am Computer schneidet und die schönen Ergebnisse dann auf eine CD brennt. In 20 Jahren wird dieses akustische Dokument für dich einen unschätzbaren Wert haben, und jetzt macht es einfach nur Spaß.

Neben dem Aspekt, eigene Hörbücher zu produzieren, kann es auch interessant sein, eine Hörbuchbibliothek anzulegen. Dazu sollte eine Hörecke mit Kopfhörern im Klassenraum eingerichtet werden, damit die anderen Kinder nicht gestört werden. Diese Aufgabe können sich zwei oder mehr Schülerinnen und Schüler teilen.

Eine andere Möglichkeit besteht darin, dass die Kinder eine monatliche Bestenliste von Hörbüchern zusammenstellen. Jede Schülerin und jeder Schüler nennt ihre bzw. seine Favoriten. Daraus kann eine Übersicht erstellt werden, die ihren Platz z. B. als Plakat in der Klasse finden kann.

27. Off school

Eine Schreibrallye ist leicht außerhalb der Schule zu realisieren. Sie kann aus dem Unterricht heraus organisiert werden, sie eignet sich aber auch für Kindergeburtstage oder sonstige besondere Anlässe. Am Schreiben besonders interessierte Kinder können die Aufgaben weitgehend selbst erarbeiten und für die anderen Kinder vorbereiten.

Aufgabe

Zwei Kinder bekommen ein leeres Heft. Ihre Aufgabe besteht darin, innerhalb einer festgesetzten Frist Texte zu sammeln. Sie gehen in Geschäfte, Büros, Bahnhöfe oder Ämter und bitten die Leute, kurze Texte in die vorbereiteten Rubriken zu schreiben:

▶ einen Witz,
▶ ein Sprichwort,
▶ die Strophe eines Gedichts,
▶ einen Wunsch,
▶ das Lieblingsbuch ...

Beim anschließenden Vorlesen der „erbettelten" Texte gibt es viel Spaß.

Das Prinzip der Schreibrallye ist vielfältig zu modifizieren. Statt der einfachen Formen Witz, Sprichwort, Merkvers können Wissensfragen aller Art gestellt werden.

● Wie heißt der Bürgermeister?
● Wie viele Einwohner hat unsere Stadt?
● Woher stammt der Name unserer Stadt?

Die Befragten müssen aber die Rubriken immer selbst ausfüllen, weil das die Kinder in die Position einer kurzfristigen Überlegenheit versetzt.

28. Schreibdetektiv

🔍 Aufgabe

Suche nach geheimen Botschaften. Auf der Straße findest du Zettel, verlorene oder fortgeworfene Seiten aus Prospekten, Katalogreste und anderes mehr. Aus den gefundenen Zufallstexten und Fragmenten kannst du die geheime Botschaft zusammensetzen.

Wir haben auf diese Weise einmal folgende Mitteilung erhalten:

Sonnenstudio ... Gebrauchsanweisung ... regelmäßig zu benutzen ... Zucker, Bananen, Reis, Taschentücher (auf einem Einkaufszettel)

Daraus wurde ganz klar kombiniert:

Kaufe die Sachen auf dem Einkaufszettel, gehe regelmäßig ins Sonnenstudio, aber beachte die Gebrauchsanweisung!

Diese Art von Schriftsuche kann auch mit dem Fernglas durchgeführt werden.

🔍 Aufgabe

Besorge dir ein Fernglas und gehe damit an einen bestimmten Platz in der Stadt. Verändere deine Position nicht und schreibe alle Wörter, Sätze, Sprüche, Namen usw. auf, die du sehen kannst. Mit dem Fernglas kannst du deine Reichweite vergrößern.

Auf diese Weise entstehen rätselhafte Schriftprotokolle, die die Kinder dann nach Belieben sortieren können.

In kleinen Gruppen werden die folgenden Schreibaufgaben gelöst, die als Material für eine Reportage dienen können.

🔍 Aufgabe

▶ Notiere in einer bestimmten Straße die Marken der parkenden Autos. Was kann man daraus schließen? Kann man überhaupt etwas daraus schließen?

▶ Schreibe zwanzig Minuten lang am Straßenrand die Farbe eines jeden vorbeifahrenden Autos auf. Welche Farbe kommt am häufigsten vor? Reichen die notierten Autofarben, um zu allgemein gültigen Aussagen zu kommen? Wie viele Autos müsste man vielleicht notieren, um zu einer gültigen Aussage zu kommen?

▶ Notiere an einem bestimmten Platz in der Stadt alle Kopfbedeckungen der Passanten. Kann man erkennen, was gerade modern ist? Sieht man Kopfbedeckungen, die man noch gar nicht kennt? Werden Hüte getragen? Von wem?

▶ Schreibe in einer bestimmten Straße die Formen und Eigenarten der Häuser auf. Nicht nur „groß" oder „klein", sondern: Wie viele Stockwerke? (Woher kommt das Wort?) Große oder kleine Türen? Große oder kleine Fenster? Farben? Garagen?

Eine weitere Möglichkeit besteht darin, dass die Kinder eine Polizeiwache besuchen und sich erkundigen, wie die „professionellen" Detektive arbeiten.

Nach vorheriger Anmeldung gehen die Kinder, am besten in Begleitung älterer Mitschülerinnen oder Mitschüler, in eine Polizeiwache und fragen, wie der Dienst eines Polizeibeamten aussieht. Solche „heiklen Missionen" sollte die Lehrerin, der Lehrer gut vorbereiten. Ein freundliches Vorgespräch öffnet die Türen.

Es bietet sich an, auch weitere interessante Einrichtungen je nach Umgebung und Möglichkeiten auszusuchen. Denkbar sind zum Beispiel die Feuerwehr, das Krankenhaus, der Bahnhof.

Die Erfahrung, dass man etwas selbst gesehen, gehört, untersucht oder fotografiert, mit dem Rekorder aufgenommen haben muss, um darüber schreiben zu können, ist die Basis jeder Reportage.

In allen diesen Fällen werden die Ausdrucksmöglichkeiten der Kinder hinter der wahrgenommen Realität weit zurückbleiben. Das soll aber nicht heißen, dass erste Annäherungen nicht versucht werden sollten.

29. Interviews

Jedes Interview sollte gut vorbereitet werden. Die Fragen werden notiert, geordnet, gekürzt und ausprobiert. In Rollenspielen kann man lernen, dass Fragen eindeutig sein müssen, dass man immer nur eine Frage stellt und den Interviewpartner aussprechen lässt.

Interview-Aufgaben

Interviewe eine Buchhändlerin, einen Buchhändler. Was möchtest du wissen? Du könntest zum Beispiel fragen:

- „Wie viele Exemplare haben Sie vom letzten Harry Potter verkauft?"
- „Haben Sie alle bisher erschienenen Bände selbst gelesen?"
- „Welches sind Ihre Lieblingsautoren?"
- „Wer kauft die meisten Bücher, Frauen oder Männer?"
- „Welche Sorte von Büchern werden oft gekauft, welche seltener?"

Überlege dir einige Fragen.

Interessant könnte es auch sein, eine Schriftstellerin oder einen Schriftsteller zu interviewen. Dazu muss man nicht unbedingt mit der Person reden. Das kann auch in Form eines Briefes geschehen.

PETER HÄRTLING hat sich z. B. öfter von Kindern interviewen lassen. Einmal wurde er von einem achtjährigen Kind gefragt, ob er schon ganz früh in der Schule am liebsten gelesen und geschrieben habe? Die Antwort hat überrascht: „Am liebsten hatte ich den Turnunterricht, dann kam aber das Schreiben und Lesen."

Bei der Vermittlung von solchen Interviews kann der jeweilige Kinderfunk behilflich sein. Überhaupt empfiehlt es sich, mit dem Radio zusammenzuarbeiten. Beliebt sind „Rezensionen" von Kinder- und Jugendbüchern, die von Kindern und Jugendlichen verfasst und selbst gesprochen werden. Für besonders interessierte „Schreibkinder" kann der Kontakt zum nächstgelegenen Radiostudio, zur Kinderfunk-Redaktion entscheidend sein. Nicht selten entstehen aus solchen frühen Kontakten regelrechte Journalismus-Karrieren.

30. Vorlesen

Die Teilnahme besonders interessierter Kinder an Vorlesewettbewerben versteht sich von selbst, muss aber immer wieder angeregt und unterstützt werden.

Es gibt aber noch viele weitere Möglichkeiten, die Vorlesekompetenz zu entwickeln:

Aufgaben

▶ **Kinder lesen für Kinder im Krankenhaus**
Auch wenn die Vorlesefähigkeit noch nicht überragend ist, freuen sich kranke Kinder ganz außerordentlich, wenn ihnen von anderen Kindern vorgelesen wird. Manchmal entstehen daraus auch Freundschaften und länger währende Beziehungen.

▶ **Vorlesetermin in der Schule**
An einem festgelegten Termin treffen sich diejenigen Kinder, die etwas vorlesen wollen und Spaß daran haben, etwas vorgelesen zu bekommen. Das könnte zu einem Leseclub als fester Einrichtung werden.
Ein solcher Club könnte dann allerhand literarische Aktivitäten entfalten. Besuch von Autorenlesungen, Briefe an Autorinnen und Autoren, Korrespondenzen mit anderen Leseclubs. Dort könnte auch eine Tauschbörse für Bücher und Hörbücher entstehen.

▶ **Überraschungslesung**
Man erkundigt sich, wann eine alte, allein lebende Dame, ein Herr Geburtstag hat. An diesem Tag besucht man die Dame, den Herrn als Geburtstagsüberraschung. Man bringt zwei, drei Bücher mit und fragt die Dame, den Herrn, was sie/er am liebsten hören mag. Wir wissen, dass ältere Herrschaften sich ganz besonders für Harry Potter interessieren, auch wenn sie es nicht immer zugeben möchten.

▶ **Lesemarathon**
Ob mit oder ohne Eintrag ins Guinnessbuch der Rekorde, ein sportlicher Lesemarathon stärkt immer das Selbstbewusstsein. So könnte es funktionieren:

Ein neues, spannendes Buch (diesmal nicht Harry Potter) wird in einer gemütlichen Ecke in der Schule von Anfang bis Ende vorgelesen. Die Leserinnen und Leser wechseln sich ab. Eingeladen ist jede Schülerin, jeder Schüler. Aber auch die Lehrerinnen und Lehrer, die Schulleitung, der Hausmeister etc. können sich beteiligen. Eine solche Lesung könnte auch in der Lokalzeitung angekündigt und öffentlich veranstaltet werden.
Das sollten die leseinteressierten Kinder einer Klasse organisieren.

▶ **Die selbst gemachte Anthologie zum Hören**
Ein Kind oder eine kleine Gruppe lesesüchtiger Kinder stellen ein paar Lieblingstexte zusammen: Gedichte (was selten vorkommt), kurze Geschichten, Auszüge aus Büchern. Sie suchen sich zu jedem Text eine passende Vorleserin, einen Vorleser und bitten sie, diesen Text ins vorgehaltene Mikrofon zu lesen. Mit Hilfe eines Vaters, eines Bruders oder einer Tante, die über die entsprechende Software verfügen, entsteht auf diese Weise eine CD, ein Lieblingshörbuch, das von Lieblingsmenschen gesprochen wird.
So können auch akustische Poesiealben entstehen oder Hörtexte, die an Freundinnen und Freunde geschickt werden.

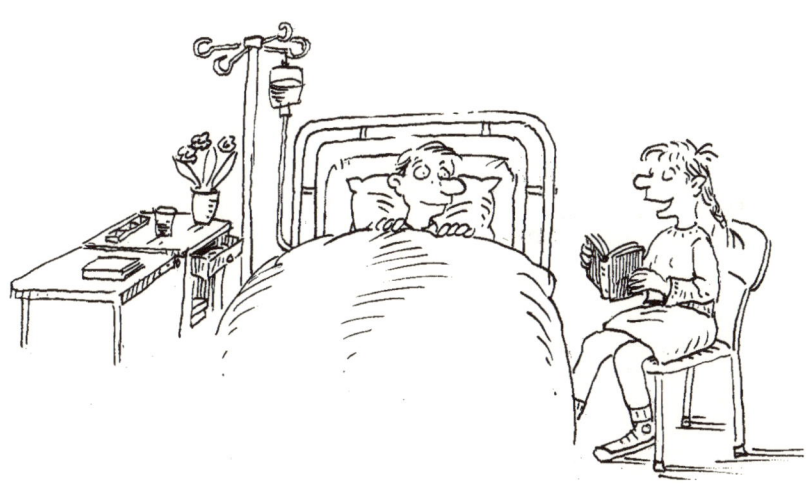

31. Wörtersuche

Es bietet sich an, zwischendurch Übungen mit Wörtern durchzuführen, die für Abwechslung sorgen, weil sie z. T. Rätselcharakter haben und auch in der Gruppe als Quiz durchgeführt werden können.

Aufgabe

Finde andere Wörter (sie können auch jeweils etwas andere Bedeutungen haben) für:

- Auto: Karre, Wagen ...
- Geld: Patte, Zaster ...
- super: toll, irre ...
- Freund: Kumpel, Kamerad ...
- Stuhl: Sitzgelegenheit, Sessel ...
- Messer: Dolch, Säbel ...
- Lied: Song, Titel ...
- Murmeln (Gibt es die überhaupt noch?)

Bei solchen Aufgaben können auch die Eltern oder andere Leute helfen. Manchmal findet man dann Wörter, die man noch nie gehört hat, vor allem für „Geld".

Andere Aufgaben

- Suche nach Wörtern, die es früher einmal gab, die man jetzt nicht mehr benutzt:
  Wörter wie z. B. Trottoir, Knabe, bass erstaunt sein, gen Himmel, Ross.
  Frage deine Eltern und Großeltern.

- Finde heraus, woher dein Name kommt. Vielleicht wissen es deine Eltern. Es gibt Bücher, in denen man das nachschauen kann.
  Wenn du jemanden findest, der sich da auskennt oder ein Fachbuch hat, dann frag nach der Herkunft und Bedeutung der Namen deiner Eltern, Freunde, Verwandten. Manche haben sich dafür noch nie interessiert und sind sehr überrascht, wenn sie zum Beispiel erfahren, dass „Susanne" aus dem Hebräischen stammt und Lilie heißt.

Und noch eine Aufgabe

Leider ist bei den folgenden Wörtern die richtige Reihenfolge der Buchstaben durcheinander geraten. Bitte bringe das in Ordnung:

▶ T u o a (= Auto)
▶ M o c t e r p u
▶ H y d n a
▶ B a s s e n s t r a h n
▶ S c h i n m a w a s c h e
▶ R e n k l a d
▶ S t r a n d l e i c h e r

 Aufgabe

Welche Vokale fehlen hier?

▶ Schlbrt (Schulbrot)
▶ Mcht nx
▶ Ws wllst d?
▶ Hndschhfch
▶ Bchrschrnk

Lies diese Wörter ohne Vokale (Selbstlaute) laut. Kann man das verstehen? Was ist mit Wörtern ohne Konsonanten (Mitlaute)? Zum Beispiel:

▶ Aa (Anna)
▶ Auoae

Man könnte daraus „Automarke" machen, aber auch ganz andere Wörter. Es scheint so, als ob Vokale schlechter als Wortgerippe geeignet sind als Konsonanten.

Wie wäre es mit diesem Satz?

▶ H_rr L_hm_nn g_ht g_rn _n d__ St_dt, w__l _r n___ Sch_h_ h_t.

32. Spieltexte – Textspiele

Bei Kindern sind besonders visuelle Texte beliebt. Darunter verstehen wir hier Textgebilde, bei denen Gegenstände oder Symbole mit Buchstaben und Wörtern abgebildet werden.

Die Kinder in der Gelnhäuser Schreibwerkstatt waren von dieser Methode fasziniert. Hier ein paar Resultate:

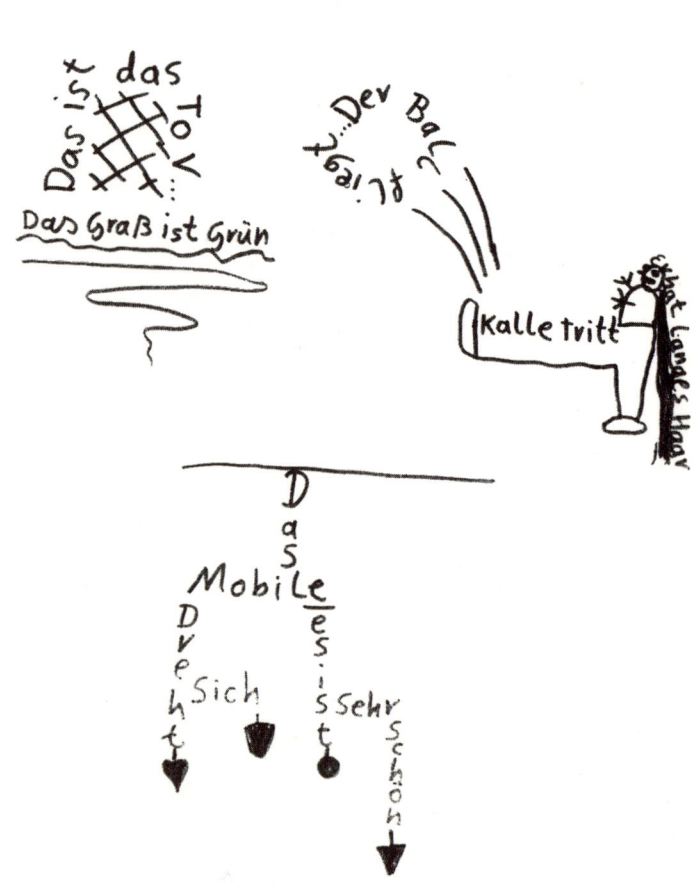

Ich lese ein Buch.
Es ist ein
Buch über die Um-welt.
es ist gut.

Ich brauche Licht dafür
Ich nehme eine Lampe

ABCDEFG HIJKLMNOP QRSTUVWXYZ ABCDE
Hallo Herr Böttcher wie geht es Ihnen?
Gut! Ich heiße ... und bin ... Jahre alt! Ich besuche sie im ... bis März am 15.05
Ich mache sie ...

33. Geheimschriften – Geheimsprachen

Das Interesse an Geheimschriften und die Fähigkeit, in kürzester Zeit Geheimsprachen zu lernen, sind bei Kindern der Primarstufe stark ausgeprägt.

Die erste Sprache war die aw-Sprache. Sie funktioniert einfach, macht aber großen Eindruck.

 Beispiel

Dawu bawist haweutawe zawu spawät zawur Schawulawe gawekawommawen.

Wie man unschwer erkennen kann, wird vor jeden Vokal ein „aw" gesetzt. Das schreibt sich schnell, spricht sich aber schwer. Zunächst entsteht ein vollkommenes Durcheinander und unspezifisches Gelalle. Dann hat die Erste, der Erste es kapiert, und es läuft wie von selbst.

Die aw-Sprache wird nach den ersten mühsamen Schritten sofort und mit viel Vergnügen praktiziert. Wenn man sie einigermaßen rasch spricht, dann ist sie von Uneingeweihten wahrhaftig kaum zu verstehen.

Jennifer hat die aw-Sprache gleich konspirativ genutzt. Folgende Botschaft hat sie ihrer Freundin Paula übermittelt:

Kawomm awum vawier zawur Aweisdawielawe. Sawei pawünktlawich. Wawir hawabawen aweinawen gawehaweimawen Plawan. Nawicht vawerrawatawen!!!

Sven schrieb eine andere Botschaft:

Wawisst awihr, wawie awunsawerawe Hawündawin haweißt? Gawanz aweinfawach! Awamawawalfawa.

 Aufgabe

Erfinde eine ähnliche Geheimsprache wie die aw-Sprache. Wie wäre es mit „ut" oder „ip"? Was lässt sich am besten sprechen?

Erstaunlicherweise sind viele Kinder meist besser als Erwachsene in der Lage, Wörter und einfache Sätze von rechts nach links zu lesen und zu sprechen. Ebenso schnell lernen sie das Rückwärtssprechen auswendig.

Kombiniert mit einem Witz ergibt sich zum Beispiel dieses rückwärtige Gebilde:

„Nnew hci ni reseid Gnuthcir ehegretiew, tgeil nnad ad red Fohnhabtpuah?"

„Red tgeil hcua ad, nnew Eis thcin nehegnih."

(„Wenn ich in dieser Richtung weitergehe, liegt dann da der Hauptbahnhof?" „Der liegt auch da, wenn Sie nicht hingehen.")

Das Morsealphabet wurde von SAMUEL MORSE erfunden, der 1791 in Amerika zur Welt kam. Er studierte Malerei in England. Mit 41 Jahren kehrte er von einer Europareise nach Amerika zurück. Er hatte sich fest vorgenommen, einen Apparat zu konstruieren, mit dem man über große Entfernungen Nachrichten übermitteln kann. So entstand der Telegraph, der sehr einfach funktioniert. Durch einen Draht schickt man einen Stromstoß, der beim Empfänger dafür sorgt, dass eine Stahlspitze von einem Elektro-

Das Morse-Alphabet

a	·—	n	—·
b	—···	o	———
c	—·—·	p	·——·
d	—··	q	——·—
e	·	r	·—·
f	··—·	s	···
g	——·	t	—
h	····	u	··—
i	··	v	···—
j	·———	w	·——
k	—·—	x	—··—
l	·—··	y	—·——
m	——	z	——··

magneten auf einen Papierstreifen gedrückt wird, der von einem Uhrwerk an der Nadelspitze vorübergezogen wird. Wenn der Sender den Strom längere Zeit sendete, entstand ein Strich, bei einem kürzeren Impuls ein Punkt. Jetzt mussten die Buchstaben des Alphabets nur noch in Folgen von kurzen und langen Signalen umgewandelt werden. Das Morsealphabet war erfunden und SAMUEL MORSE ging als Pionier der Übertragungstechnik in die Geschichte ein.

Besonders wichtig wurde die Morse-Schrift im Schiffsverkehr. 1901 gelang es zum ersten Mal, ein drahtloses Funksignal von Europa nach Nordamerika zu senden. Der Italiener GUGLIELMO MARCONI, Erfinder der drahtlosen Telegraphie, schickte als Erstes den Buchstaben s über den Atlantik. Nun konnten Schiffe in Seenot andere Schiffe zur Hilfe rufen, die in der Nähe waren.

 Aufgabe

Schreibe mit dem Morse-Alphabet eine Unterhaltung zwischen zwei Schiffen, die sich etwas Wichtiges mitteilen wollen.

Die Morsenachricht SOS „Save our souls" kennen die meisten. Rasch sind die entsprechenden Morsezeichen erklärt: ... − − − ...
SOS wurde in der Nacht vom 14. auf den 15. April 1912 zum ersten Mal auf hoher See gesendet. In dieser Nacht rammte die „Titanic" auf dem Weg von England nach Amerika einen Eisberg und lief rasch voll Wasser. Der Funker sendete SOS, was auch von anderen Schiffen empfangen wurde: Sie waren aber zu weit entfernt und konnten nicht helfen.

 Aufgabe

Im Funkraum der sinkenden „Titanic" setzte der Funker George Philipps den folgenden Notruf ab. Entschlüssele diesen Funkspruch mit Hilfe des Morse-Alphabets:

••• ━━━ ••• •━━ ━ •• •━━• •••• •━━ ━━━•• • ━━• • •• ━━• • ━━•

• •• ••• ━━•• • •━━ • ━ •━━• • •━━• • ━━━ • ━━ •━━

••• •• ━━• ━━•━ • ━━• • ••• ━━•━━• •••• ━━• • • •━━•• •━━••

━•━•━ •━━ ━━━ ━━ •• •━ ━ • ••• ━━ ━━━•• •• ━━ •••• •• •━━•• •━━• •

„Gaunerzinken" oder nur „Zinken" nennt man Geheimzeichen, die Bettler, Räuber und Vaganten vor langer Zeit benutzten, um auf Gefahren, besonders großzügige Bauern oder bissige Hunde hinzuweisen.

 **Beispiele**

X = Nichts zu machen.   ▦ = Gefängnis droht.

◉ = Bissiger Hund!   🐓 = Alarmglocken im Hause!

〜 = Hier erhält man Geld.

Aufgabe

Denke dir eigene Zinken aus und überlege, wo du sie anbringen kannst.

Eine weitere geheime Sondersprache der Bettler und Gauner war das Rotwelsche. „Rot" hieß im Mittelalter „falsch, betrügerisch" und das „Welsche" waren die romanischen Nachbarsprachen.

Hier ein paar rotwelsche Worte:

abstieben – fortgehen
anketschen – anbinden
anschmusen – anwerben
ausfackeln – ausschreiben
baldowern, ausbaldowern – auskundschaften
Baiser – Wirt
Balo – Schwein

(Mehr Beispiele findet man im Internet, wenn man über „Google" den Suchbegriff „Rotwelsch" eingibt.)

Aufgabe

Finde heraus, welche Wörter, die man immer noch kennt, aus dem Rotwelschen stammen. Du fragst am besten eine Lehrerin, einen Lehrer oder forschst in der Bibliothek. Ein Beispiel ist „Kittchen" für Gefängnis.

Ein triumphaler Abschluss der Beschäftigung mit Geheimschriften ist das Entwerfen einer eigenen Geheimschrift. Anleitungen gibt es in dem Geheimschrift-Fachbuch von RUDOLF KIPPENHAHN (2002).

34. Bilderrätsel

Mit Geheimschriften verwandt sind Bilderrätsel. Um die Bilderrätselkunst vorzuführen, bringt man ein paar Beispiele mit in den Unterricht.

Einige unverzichtbare Elemente der „Hieroglyphen" sollten vorgestellt werden:

- Ein gezeichnetes Ei bildet die nicht gerade selten vorkommende gleichnamige Silbe. Ein „k", ein gezeichnetes Ei und ein „n" ergibt?
- Ein stilisiertes Haus wird ein „aus", wenn der erste Buchstabe durchgestrichen ist.
- Wie malt man „Automat"? Ein Auto und die drei ersten Buchstaben von Matrose, der sich ganz gut abbilden lässt.
- „Ich gebe dir einen Rat". Die orthographische Differenz zum gezeichneten Rad wirft Fragen auf.

Einen Grundbestand an einfachen Bilder-Wörtern finden die Schülerinnen und Schüler selbst. In der 3. und 4. Klasse sind alle Kombinationen von Schrift und Bild besonders beliebt.

Aufgabe

Verwandle folgende Sätze in Bilderrätsel:

▶ Einmal ist keinmal.

▶ Wer schreibt, der bleibt.

▶ Ein Onkel, der was mitbringt, ist besser als eine Tante, die Klavier spielt.

▶ Operation gelungen, Patient tot.

▶ Gut Ding will Weile haben.

▶ Ein Wink mit dem Laternenpfahl.

Mehr als 10 000 feste Wendungen, Redensarten und Sprichwörter findet man im „Duden, Band 11: Redewendungen und sprichwörtliche Redensarten" (1998). Das Buch ist eine Fundgrube für den Schreibunterricht.

35. Stadt, Land, Fluss und andere Schreibspiele

Zuerst geht es dabei ganz gewöhnlich zu, wie bei dem altbekannten Schreibspiel: Es werden Begriffe zu den übergeordneten Stichpunkten Stadt, Land, Fluss, Beruf, Tier, Lebensmittel u. a. gesucht.

Wenn man das Spiel mit mehreren Kindern spielt, kommt es darauf an, als Erster alle Rubriken ausgefüllt zu haben. Als Einzelaufgabe wird eine Zeitvorgabe gegeben.

Dann soll ein kleiner Text, ein Gedicht oder eine Fantasiegeschichte geschrieben werden, in der alle gefundenen Wörter in beliebiger Reihenfolge vorkommen müssen.

 **Beispiel**

Buchstabe f
Stadt: Frankfurt
Land: Finnland
Fluss: Fulda
Beruf: Falkner
Tier: Fuchs
Lebensmittel: Früchte

Sandra machte daraus diesen Text:

Frankfurter Füchse fressen am liebsten Früchte aus Finnland, wenn sie an der Fulda schnüren und nicht von einem Falkner gestört werden.

Als gemeinsam fabriziertes Gedicht mit anderen F-Wörtern kam das heraus:

In Frankfurt traf ich einen Mann,
den man in Finnland finden kann.
„Wo fließt die Fulda?", fragte er.
Da kam ein Fliesenleger her,
und der sah wie ein Ferkel aus
und aß nur rohen Fisch zu Haus.

Mit b-Wörtern schrieb Johannes diesen Unsinnstext:

> Bern liegt in Belgien an der Binnenalster, wo Barbara dem Berufsverbrecher einen Bären aufbindet.

Dieses nicht besonders anspruchsvolle Wörterspiel führt zu einem anderen, das wir ebenfalls leicht modifiziert haben: „Onkel Otto plätschert lustig in der Badewanne". Man bildet mehrere Sätze, die dem Mustersatz entsprechen.

 Beispiele

> Tante Melone tanzt leise auf dem Tisch.

oder:

> Papa Casimir läuft langsam durch das Blumenbeet.

und:

> Herr Sven fliegt lustig über den Tisch.

Diese Sätze sind aber nicht in der üblichen Falttechnik entstanden, sondern etwas raffinierter. Man schreibt Wortlisten entsprechend dem Mustersatz: Zehn Nomen wie „Onkel", zehn Namen wie „Otto" usw. Dann werden die Nomen, Namen, Verben usw. jeweils ausgeschnitten und in Schächtelchen gelegt. Danach wird alles kräftig durchgeschüttelt, die Wörter werden blind gezogen und aneinander gelegt.

Mit Geschick und Geduld sowie haltbarem Material lässt sich so ein schönes Spiel herstellen, das sich gut zum Verschenken eignet.

Gewiss gibt es eine unübersehbare Menge von Schreibspielen. Viele gute Ideen sind versammelt in dem Buch „Der geflügelte Bleistift" (2000).

Ein besonderer Reiz liegt aber darin, die bekannten Spiele zu verändern, zu verbessern oder sie der Situation im Unterricht anzupassen.

Ein eigenes Schreibspielbuch, eine Sammlung von Spielen und Methoden, die sich wirklich bewährt haben, ist ein sinnvolles Unternehmen für alle Schreibgruppen, unbedingt aber auch allen Lehrerinnen und Lehrern zu empfehlen, die ständig Schreibimpulse geben müssen oder wollen.

Sven (9) hat sich folgendes Schreibspiel ausgedacht:

> Es beginnt damit, dass auf ganz kleine quadratische Kärtchen einzelne Buchstaben geschrieben oder gemalt werden. Es gibt eine Tabelle, in der man nachlesen kann, welches der am häufigsten vorkommende Buchstabe im Deutschen ist (e); dann kommt der zweithäufigste und so weiter. Dement-

sprechend werden jede Menge „e's" (man beachte den Monovokalismus) auf Kärtchen erstellt und dann nach der Tabelle die anderen Buchstaben. (Diese Tabelle hilft übrigens ungemein beim Knacken von Geheimschriften.)

Die Buchstaben werden nun in einem Säckchen herumgereicht. Jede/jeder nimmt sich 20 Kärtchen mit geschlossenen Augen aus dem Säckchen. Dann muss sie oder er daraus Wörter bilden. Gewonnen hat, wer alle Buchstaben sinnvoll untergebracht hat.

Der Streit über mögliche oder unmögliche Wörter und andere Gebilde ist vielleicht das Schönste an diesem Spiel.

Es sind sicher schreibinteressierte Schülerinnen und Schüler bereit, ein solches Spiel vorzubereiten und in der Klasse zu erklären.

Denkbar wäre ein kleiner Vorrat selbst produzierter Schreibspiele für die Klasse, von denen bei besonderen Gelegenheiten, z. B. in der Freiarbeit, Gebrauch gemacht würde.

Die Schülerinnen und Schüler, die am Lesen und Schreiben besonders interessiert sind, könnten eine solche Spielesammlung verwalten.

Aufgabe

Denke dir ein Schreibspiel aus, das möglichst von allen Mitschülerinnen und Mitschülern der Klasse gespielt werden kann.

Aufgabe

Erkundige dich in einem Spielwarenladen nach Schreibspielen und bitte um ein Probespiel, das in der Klasse ausprobiert werden soll. Dabei hilft auch gern der Kinderfunk. Dort werden immer wieder Spiele getestet und empfohlen.

Es wäre ein großer Coup, wenn mit der Initiative der besonders am Schreiben Interessierten die Klasse zu einer „Spiele-Test-Klasse" würde. Auch die Spiele-Verlage sind daran interessiert. Ein Brief an den Verlag Ravensburger mit der Bitte um Test-Spiele ist in diesem Fall eine sinnvolle Sache.

36. Klassenbuch

Ohne Schreib-Musterschülerinnen und -schüler heranbilden zu wollen, könnten die besonders begabten Schülerinnen und Schüler doch einiges tun, um die Schreibkultur in der Klasse zu verbessern.

Sie könnten Herausgeberinnen/Herausgeber

- eines Klassenbuchs,
- einer Chronik der Klasse oder
- einer Zeitung werden.

Sie sind dafür verantwortlich, dass immer wieder gute und schöne Schreibarbeiten der Mitschülerinnen und Mitschüler in das Klassenbuch geschrieben oder geklebt werden.

 Beispiel

In einer Chronik können die wichtigen Ereignisse im Leben der Klasse verzeichnet und besondere Dokumente gesammelt werden. Wenn zwei Schülerinnen oder Schüler damit beauftragt würden, eine solche Chronik zu pflegen, wäre das eine große Motivation, die dazu führen könnte, das Schreiben und den Umgang mit Geschriebenem ernst zu nehmen.

Literatur

BECKSTEIN, CORNELIA/SCHÄFER, MARION: Der geflügelte Bleistift. Jede Menge Aktionen und Spielideen rund um Schreiben, Lesen und Literatur. Münster: Ökotopia Verlag 2000.

BOEHNCKE, HEINER/KUHNE, BERND: Anstiftung zur Poesie: Oulipo – Theorie und Praxis der Werkstatt für potentielle Literatur. Bremen: Manholt 1993.

DUDENREDAKTION: Duden, der passende Ausdruck. Ein Synonymwörterbuch für die Wortwahl. Mannheim: Dudenverlag ⁴2004.

DUDEN, Band 11: Redewendungen und sprichwörtliche Redensarten. Wörterbuch der deutschen Idiomatik. Mannheim: Dudenverlag 1998.

ENZENSBERGER, HANS MAGNUS: Allerleirauh. Viele schöne Kinderreime versammelt von H. M. Enzensberger. Frankfurt a. M.: Insel-Verlag 1995.

ENZENSBERGER, HANS MAGNUS: Das Wasserzeichen der Poesie oder die Kunst und das Vergnügen, Gedichte zu lesen. Frankfurt a. M.: Eichborn 2001.

GLAUSER, CHRISTOPH: Eine Geschichte des Staubsaugers. Zürich: Verlag Orell-Füssli 2001.

KIPPENHAHN, RUDOLF: Streng geheim! Wie man Botschaften verschlüsselt und Zahlencodes knackt. Reinbek bei Hamburg: Rowohlt Rotfuchs 2002.

LINDGREN, ASTRID: Ronja Räubertochter. Hamburg: Oetinger 2000.